Täglich

Sieg

Ein Tausend Namen, Titel, und
Eigenschaften Gottes, mit Praktischen
Anwendungen für die Tägliche Hingabe
und Situationen des Lebens

Täglich Sieg

Produced for Divine Literature International by:
Stemad Publications Inc.
Houston TX, USA.

Text © Deborah O'longe 2013-2015

Scriptures are quoted from:
Elberfelder 1905 (German) Bible, ELB
Luther Bible 1912 (German) Bible, LUT

First Published by Stemad Publications Inc, 2013
Edited May 25, 2013
Updated, December 2015

Printed in the United States of America

ISBN 978-0615756677
For bulk purchase enquiries, contact the Publishers at:
stemadpublications@hotmail.com

Täglich

Sieg

Ein Tausend Namen, Titel, und Eigenschaften Gottes, mit Praktischen Anwendungen für die Tägliche Hingabe und Situationen des Lebens

Ein Lob und Gebet
Handbuch für
Siegreiche Christen

Deborah O'longe

STEMAD PUBLICATIONS INC.

Andere Bücher von Deborah O'Longe

Daily Victory
(Englisch Ausgabe)

Victoria Diaria
(Spanisch Ausgabe)

Victoire Quotidien
(Französisch Ausgabe)

Ida Isegun
(Yoruba Ausgabe)

Dagelijks Overwinning
(Holländisch Ausgabe)

Daaglikse Oorwinning
(Afrikaans Ausgabe)

Vitória Diária
(Portugiesisch Ausgabe)

Vittoria Quotidiano
(Italienische Ausgabe)

1000 Bible Facts About God
(Bibel Nachschlagebuch und
Evangelisation Hilfe)

Danksagung

Himmlischer Vater, ich konnte nicht geschrieben und veröffentlicht haben dieses Buch ohne Ihr Stärke, Führung, Weisheit und Bereitstellung. Danke, HERR!

Ich gebe Ihnen alle Herrlichkeit!

INHALT

Vorwort

Die Namen, Titel und Eigenschaften Gottes offenbaren Seine Natur und Identität. Jede Verheißung Gottes ist in Seinem geschriebenen Wort - die Bibel. Seine verspricht sind auch inhärent in alle Seine Namen, Titel, und Eigenschaften. Allerdings gibt es eine Verbindung zwischen dem geschriebenen Wort, und das gesprochene Wort. Gottes Verheißungen müssen sein gestand um provozieren manifestation. Es ist wichtig zu glauben, Seine Verheißungen, entgegennehmen die Verheißungen, und bekennen ihnen, zu beanspruchen die segnungen dass Er hat für uns.

Die Bibel sagt uns, dass der Name des Herr ist ein Starker Turm, dass wir können laufen zu, für sicherheit. (Sprüche 18:10). Dies bedeutet, dass jeder der Namen und Titel von Gott können werden getroffen als Gott, Sich. Sie alle darstellen Seine Herrlichkeit, Majestät, und Vorherrschaft; und tragen Seine Macht und Autorität. Sie sind auch als heilig als Er ist, so sehr, dass wir sind befohlen nicht zu verwenden ihnen für eitel zwecke (Exodus 20:7).

Jeder Name und Titel des Gottes hat eine besondere Bedeutung. Wenn Gott ist identifiziert durch einen Namen oder einen Titel, Es bedeutet dass Er will zu offenbaren einen aspekt von Sich Selbst. Dies war erwiesen in Exodus 3:14, wenn Er identifizierte sich um Mose als, "ICH BIN DER ICH BIN", zu offenbaren Sich als der Selbst- Existierenden Gott, wer hat unendliche Macht zu tun alle dinge, auch die logisch unmöglich. Das war alle Moses erforderlich, zu wissen über Gott. Er brauchte nichts mehr zu selbstbewusst kommunizieren der Plan Gottes zu den Israeliten, und konfrontieren Pharao. In alle die bemühungen von Moses um befreien die Israeliten aus Ägypten Gott erwies Sich als das große "ICH BIN". Bei jeder gelegenheit dass Er behaftet Ägypten, Gott erwies Sich als das große "ICH BIN". In Seiner mächtigen Taten zu das Volk Israel in der Wüste, Gott erwies Sich, als "ICH BIN DER ICH BIN".

Gott auch identifizierte sich zu Abraham als El-Shaddai - Der Allmächtige Gott, unser Hinlänglichkeit (Genesis 17.01). Auf eine andere gelegenheit, Er aufgedeckt sich als Jehova Jireh - der große Anbieter (Genesis 22:14). Gott erwies Sich, als Jehova Jireh im Leben von Abraham und seine Nachkommen; - sie waren nie in mangel, von da an. Alle Gläubigen auch teilen in dieser Segen, denn die Bibel sagt: Wenn wir Christus gehören, dann sind wir Abrahams Samen, und Erben nach der Verheißung (Galater 3:29).

Der Eigenschaften Gottes sind ebenso wichtig wie Seinen Namen und Titel; sie aufdecken Seinen Charakter. Ein Gläubiger wer weiß der Charakter des Gottes er dient ist nicht bewegt durch die umstände um ihn (Daniel 11:32). Er weiß, was Gott kann tun, und wie er kann immer suchen Seine intervention auf ein situation. Wenn er ist geplagt, weiß er, dass er immer auf den barmherzigen Gott ausgeführt werden können, die nicht sein Gesicht von die leidenden verbirgt, aber hört ihren Hilferuf (Psalm 22:24). Wenn starke kräfte sind gegen sein leben, er bleibt unerschütterlich, weil er weiß, er kann anrufen auf der Gott wer ist mächtig im schlacht (Psalm 24:8); mächtig zu retten; und fähig zu zerschlagen die starken kräfte zu stücken mit Seiner rechten Hand (Exodus 15:6).

Die Namen, Titel und Eigenschaften Gottes sind in der Tat Geschenke an uns, sondern wir müssen verwenden ihnen mit Ehrfurcht und heilige Furcht. Deren anwendung sollte werden eingeschränkt zu Gebet, Lob, Danksagung und Gesuch aus ein reinem herzen.

In Seinem Dienst,

Deborah O'longe

Teil Eins

Suche nach das Gesicht und die Hand Gottes

Ehrfürchtig Gebrauch der Namen, Titel und Eigenschaften Gottes

Dieser abschnitt erörtert wie zu verwendung der Namen, Titel und Eigenschaften Gottes eine intime Beziehung mit Ihm aufzubauen, und suchen Seine Eingreifen in Ihren persönlichen Umständen. Es gibt keine Satzzeit zu Stipendium mit Gott, reden mit Ihm, oder sprechen Sein Wort über dein Situation. Halten Sie dieses Buch immer bei dir, und verwenden Sie es als Nachschlagewerk von Gebet, Lob, und Anbetung.

Ich bete dass diese Buch der Hingabe wird sein vorteilhaft Ihren geistigen Spaziergang, und nehmen dir zu ein neue Abmessung in ihr Beziehung mit Gott.

Loben und Anbeten Gott mit dieses Buch

Lob und Anbetung geben Ihnen besonderen Zugang zu Gott. Der Glaube des David war unerschütterlich als er eine Schlacht nach der anderen konfrontiert, weil er wusste, wie man suchen nach das Gesicht und die Hand Gottes mit Lobpreis und Anbetung. Die Bibel sagt uns, dass er konsequent Gnade bei Gott gefunden und triumphierte über alle seine Feinde: große und klein.

Wenn Sie in einer schwierigen Situation, es gibt zwei dinge, dass sollten kommen um Ihr geist: das Wort Gottes (Seine Versprechungen zu Ihnen); und wie gut Sie möchten loben und anbeten Ihm, um aufrufen Seine Eingreifen. Sie werden über das ergebnis erstaunt sein. Zum Beispiel, wenn Sie sind belastet mit eine menge, und Ihr Geist ist nicht in Ruhe, konzentrat auf dem abschnitt von diese buch dass offenbart die fähigkeit Gottes zu geben Sie frieden. Er ist Jehova Shalom - Der Herr unser Frieden, der Autor des Friedens, und der Prinz des Friedens. Loben und rufen auf Ihm. Suchen Ihm mit jenen Namen und Titel, und anwenden Seine Eigenschaften auf dein Situation.

Ein Zeugnis

Vor jahren, als Gott nahm mich höher auf der spirituellen Leiter, der teufel sah in der ich wurde vorangegangen, und ausbrütete Pläne um zerstören mich. Ich hatte einen groß angriff und beinahe verloren alle die ich hatte, einschließlich eins meiner kinder. Ich betete und fastete für eine lange Zeit, aber beachtete geringfügige Verbesserung in mein Situation. Ich tat nicht wissen viel über die energie des Lobs und der Anbetung zu der Zeit, obwohl ich ein Gebet-Krieger war. Eine Nacht, wachte ich auf zu beten, aber beschloss zu loben und anbeten Gott stattdessen. Einige Tage später, mein leben änderte vollständig.

Ob Sie sind in eine schwierigen situation oder nicht, verherrlichung Gott sollte sein als normal als Nehmen eines Atems. Gott hat getan so sehr für Sie, daß Sie können nie zurückerstatten Ihm für, aber Sie können geben Ihm hohes Lobes. Machen es ein punkt um widmen etwas zeit um loben Gott täglichen. Gott liebt unser ausdruck des Lobes, und genießt zu sein mit uns regelmäßig, auf einer intimen ebene, so sehr, so, dass die Bibel sagt Er bewohnt das Lob seines Volkes (Psalm 22:3).

Es gibt drei Arten Lob, das Sie können anbieten, mit die Namen, Titel und Eigenschaften Gottes: Sie kann geben Gott ein Opfer des Lobes; Sie kann geben Ihm Dankbares Lob; und loben Ihm mit prophetischen Worte.

I. Opfer des Lobes

Das *Opfer des Lobes* ist ein weg zu geben zurück zu Gott, in anerkennung Seiner Liebe, Barmherzigkeit, Gnade und Erlösung. Es ist auch ein Weg zu anerkennen Seine Macht, Ruhm, Treue, Perfektion, Gerechtigkeit und alle anderen Eigenschaften dass repräsentieren Ihm als die einzig wahre Gott. Wenn wir bieten das *Opfer des Lobes* zu Gott, wir verkünden unseren Glauben an Ihm, und erinnern uns selbst, von Seine Größe. Unser Glauben ist dann erhöht, unsere

Herzen sind erleichterte, und unsere herzen sind erfüllt mit Liebe von Ihm.

Einige mögen denken dass *Opfer des Lobes* ist die gleiche, wie *Dankbares Lob*, aber es einen Unterschied gibt. *Dankbares Lob* ist Anerkennung von was Gott hat getan für uns, und kann gegeben werden in Voraus von was wir erwarten von Ihm; wohingegen *Opfer des Lobes* ist gegeben in guten und schlechten zeiten, ohne notwendigerweise zu erwarten etwas in Rückkehr. Der Fokus liegt dabei auf Gott - nichts ist gesucht, und nichts ist erwarten. Dies ist nicht zu sagen dass Gott kann nicht segne uns wenn wir geben ein *Opfer des Lobes*, aber das motiv sollte nie sein dass wir erwarten ein segen von Ihm im gegenzug. Daher der Begriff, *aufopfern*, ist verwendet. Als Paulus und Silas inhaftiert waren, sie lobten Gott trotz ihr Situation und erhielt einen Durchbruch. Ihre Ketten wurden gelöst, und die gefängnis türen waren geöffnet (Apostelgeschichte 16:25-31).

Opfer des Lobes schafft eine geeignete Atmosphäre für die Gegenwart Gottes. Es bringt seine Herrlichkeit, weil Er liebt es, gelobt zu werden, und genießt es zu sein in der Gesellschaft von seinen Lieben. Jede lebende Seele wird befohlen zu preisen Gott (Psalm 150:6). Der Herr sagte, wenn wir nicht loben Sie ihn, er kann aufrichten steinen dies zu tun (Lukas 19:37-40) Die Bibel sagt auch, daß alles ist hergestellt von Gott, zu loben Ihm (Psalm 148:7- 13): die Sonne, der Mond und Sterne loben Ihm (Psalm 148:3), und die Engel preisen Ihm (Psalm 148:2). Auch, der zorn der menschen lobt Gott (Psalm 76:10) für ihre zorn macht Ihm manifestieren seine Macht um liefern den unterdrückten und den gefangenen.

Wenn Sie brauchen um suchen das Angesicht Gottes, oder brauchen zu stipendium mit Ihm, *Opfer des Lobes* ist die wirkungsvollste art der Lob dass sie können bieten.

II.   Dankbares Lob

Dankbares Lob wird nicht nur angeboten, um auszudrücken Anerkennung zum Gott für was Er hat getan hinsichtlich einer Situation, sondern um auch danken Ihm im Voraus von was Sie glauben Er wird tun für Sie. Die Bibel sagt, wir sollten dankbar in allen Dinge (1 Thessalonicher 5:18) geben. Dankbares Lob gibt unseren Glauben frei, und wandelt unsere herausforderungen zu Segnungen.

Wir sollten sein dankbar zu Gott für Seine Segnungen, und auch danken Ihm in Erwartung von mehr. Wenn Jesus heilte die zehn aussätzigen, nur einer von ihnen kam zurück zu danken Ihm. Der aussätziger lobte Jesus mit ein lauter Stimme, fiel zu

Seinen Füßen, und dankte ihm. Er erhielt mehr Segnungen, weil er ein dankbares Herz hatte. Während die anderen neun aussätzigen empfangen heilung in ihren Körpern, er empfangen heilung in seinen Leib und Seele (Lukas 17:11-19).

Bieten der Herr Dankbares Lob, immer. Wir werden immer haben einen Grund zu danken Gott, denn Seine Gnade währt ewig. Wenn Gott zu Ihnen gut gewesen ist, bieten Ihm Lob. Wenn Sie in einer schwierigen Situation sind und nicht was wissen zu tun, bieten Ihm Lob. Alles das geschieht im Leben sollte sein ein Thema von Dankbarkeit, da alle Sachen arbeiten zusammen für gutes zu denen die lieben Gott (Römer 8:28).

III.   Prophetische Lob

Prophetische Lob ist ein Anruf zum Gott für Hilfe. Es ist gegeben wenn Sie haben spezifische notwendigkeiten wie: Heilend, Befreiung, Sieg in der Kriegsführung, oder Angelegenheiten des Lebens und des Todes. Sie können preisen Ihren ausweg der rasenden stürme des leben, mit *Prophetische Lob.* Wenn Lobe oben gehen, Segnungen kommen nieder: Gott bewirkt änderungen in den Leben von Sein volkes. Die Empfänger der Seine segnungen sind geheilt und veröffentlicht von den Fesseln des

Satans; joche sind gebrochen, richtungen sind gegeben, und urteil ist serviert.

Das Buch der Psalms sagt dass David verwendet die mächtige waffe von Lob, zu erhalten Taten der Befreiung. David bildete eine spezielle Bindung mit Gott und wärmte seine Weise zu Seinem Herzen. Er nannte Gott spezielle Namen wie, "Mein Starker Turm", "Mein Hirte", "Mein Zuflucht", "Mein Befreier", "Der Heber von meinem kopf", "Mein Herrlichkeit", und vieles mehr. Er auch konsequent wertschätzung für Gottes Eigenschaften mit Liedern des Lobes ausgedrückt. Es ist kein Wunder, dass er immer gefunden gunst mit Gott.

Wenn Sie kann nicht setzen nahrung auf die tabelle, und Sie bekenne Gott als Ihr sehr präsent Hilfe, und der Eine wer bietet alle dinge, dann Sie Ihn angehoben haben als den Eine wer gibt nahrung zu allen kreaturen (Psalm 136:25). Diesbezüglich, Sie bestätigen dass diejenigen, wer suchen Ihn, sind nie in mangel von gute dinge (Psalm 34:10). Er ist treu um hören Ihr stimme.

Gottes Namen, Titel, und Eigenschaften innehaben verspricht für diejenigen die suchen Ihn. Wenn Sie anbieten Prophetische Lob um bekennen Ihr Vertrauen im Gott, trotz deine schwierigkeiten, es bedeutet, dass Sie vertrauen in Seine Macht zu bringen dir aus ihre situation. Gottes Wort ist für immer im Himmel angesiedelt (Psalm 119:89). Er ist verpflichtet zu Erfüllung seines Wortes, weil Er ist ein treuer Gott.

Warum Lob könnte sein abgelehnt

Lob sollte sein angeboten mit Liebe für Gott und mit einem willigen herzen, sonst kann es abgelehnt werden. Lob sollte nie in einem heuchlerischer Weise angeboten werden, mit Gewalt, Hass oder Langeweile. Die Bibel sagt uns, dass Gott unsere Herzen sieht und kennt unsere Gedanken (1 Chronik 28:9). Stellen sie sicher dass Sie loben Gott mit einem vollkommenen Herzen, herzlichst, mit Freude, und mit ein freier Geist. Lob könnte auch sein abgelehnt aus den folgenden Gründen:

- Die einzelnen fehlt der Wissen Gottes.

- Lob ist nicht Geist-beruhende.

- Die phrasen dass sind gebrauchten im Lob, widersprechen Wort Gottes oder Seinem Versprechungen.

- Lob ist angeboten mit ein reueloser herz.

- Lob ist egoistisch und eitel.

- Lob ermangelt die Haltung des tiefen ehrfurcht.

Beten mit dieses Buch

Es ist große Macht in der gesprochenen Wort. Stellen sicher dass Sie nicht nur lesen das Wort sondern auch aussprechen es zu existenz. Hebräer 4:12 sagt, dass das Wort Gottes schnell, kräftig und schärfer als ein zweischneidiges Schwert ist. In Jeremia 23:29, Gott verglich Sein Wort um brennendem Feuer, und einen Hammer die bricht den felsen in stücke. Du wirst fügen Macht, Ihr Gebet, wenn man das Wort Gottes in sie bringen. Wenn Sie sprechen von Seine Versprechungen zu Sie, hinein dein gebet, es bedeutet dass Sie auch kommen hinein Vereinbarung mit Ihm.

Wenn Sie verwenden die Namen, Titel, und Eigenschaften Gottes im Gebet, Sie demonstrieren Sie tiefes ehrfurcht für Ihm; anerkennung für, wem Er ist; und wieviel Sie Ihm vertrauen, um einzugreifen in ihr situation. Hebräer 5:7 sagt wenn Jesus war auf erde, Er anbot herauf Gebete und Petitionen mit lauten Schreien und Rissen, zu den Eine, wer könnte speichern Ihn vom Tod, und Er wurde gehört, wegen Seine tiefen reverence für Gott. Das Buch der Psalmen auch fest dass David oft basiert seine Petitionen und anfragen an Gott, auf was er wusste um wahr zu sein von Sein Natur, um bekommen Seiner Aufmerksamkeit.

Um suchen Gottes berührung über eine situation,

rufen auf Ihm mit die Namen, Titel, oder Eigenschaften dass Sie benötigen Ihm, zu offenbaren sich zu dir, mit einem reinen und glaubenden Herz. Für Beispiel, Wenn Sie brauchen um berufen die Macht Gottes, zu sorgen für dir, rufen auf Ihm als, Jehova Jireh: der Herr wer bietet. Gehen um Sein Thron der Gnade mit die autorität in dieses Name, und setzen Sie einen antrag zu ihm. Starten Sie durch Ihn zu preisen, und dann beten. Es ist sehr wichtig dass Sie schließen Ihr Gebet mit danksagung, in erwartung dessen, was Gott wird tun für dich. Wenn Sie empfangen Ihren Segen mit danksagung, bevor Sie sehen ihnen, Sie sind erzählst Gott daß Sie glauben Er hat erhört deine Gebete, weil Sie vertrauen Ihm, und wissen dass Er hat die Macht zu tun alle dinge.

Prophezeien über Ihr Leben oder eine Situation mit dieses Buch

Wenn die Stürme des Lebens schlagen uns, unsere Verteidigung ist das Wort Gottes. Das Wort, auch genannt die Klinge des Geistes, ist Ihr beleidigende Waffe gegen die internen und externen Feinde (Epheser 6:13 - 18). Es ist eine Waffe die Sie sollte lernen zu benutzen. Wenn Sie sind bekannt in das königreich der finsternis als ein geschickter Benutzer des Wortes Gottes, Ihr Leben wird sein ein Bereich dass es kann nicht regieren.

Jesus verwendete keine wundersame Energie, die Versuchungen von Satan in der Wildnis zu überwinden, obwohl er haben könnte. Er verwendete einfach das Wort (Matthäus 4:1-11). Als ein Anhänger der Christus, Sie auch haben die Macht um verwenden das Wort, zu Ihrem vorteil. Um bleiben siegreich, pflegen die gewohnheit des verwendens das Wort reagieren auf die Vorwürfe Ihr feinde.

Wir nehmen Autorität über eine Situation durch die Freigabe der Versprechungen Gottes an uns, über sie, mit Glauben. Als der adoptierten kinder des Gottes, was auch immer wir äußern im Glauben wird sein etabliert, solange als wir sind in richtigen stellung mit Ihm. Prophezeien über Ihr Leben oder ein Situation mit den Namen, Titel und Eigenschaften Gottes, um bringen die Versprechungen, innewohnenden in ihnen, um Erfüllung.

Suchen Sie die Verse in diesem Buch das auf Ihr situation zutreffen. Meditieren auf den Versen, und dann deklarieren ihnen über ihr situation. Zum Beispiel, wenn Sie brauchen die Berührung Gottes auf Ihr Geschäft, Karriere, oder Ministerium, wählen die verse, die offenbaren Gott als der Eine, wer führt Wunder (Psalm 136:4), und bringt alle dinge zum Leben (1 Timotheus 6:13). Deklarieren diese Eigenschaften Gottes auf was ist tot in Ihr Leben, und prophezeien, dass: weil Gott gibt Leben den Toten, und ruft dinge die sind nicht, als ob sie waren (Römer 4:17), Er hat wiederbelebt Ihr Unternehmen, Ihr Karriere, oder Ihr Ministerium.

Die Bibel sagt, dass der Tod und das Leben sind in der Macht der Zunge (Sprüche 18:21). Wenn Sie konsequent deklarieren der schriftlichen Ausdruck Gottes über Ihr situation mit Autorität und Leidenschaft, es wird sicherlich kommen übergeben.

Auswendig lernen das Wort

Auswendig lernen das Wort und verwenden es als ein mächtiges Werkzeug, das immer zu ihr Verfügung steht. Um auswendig lernen die Verse in diesen buch, lokalisieren Ihren Bereich der Notwendigkeit im Inhaltsverzeichnis. Wählen die verse, die auf Ihr situation beziehen oder was Sie vertrauen Gott zu tun für Sie, dann folgen den schritten unter:

- Beachten, den Speicherort des Wort, (das Buch, Kapitel und Vers-Nummern).

- Lesen die Verse, zu verstehen was sie sind über.

- Meditieren über die Verse, um erfassen ihre anwendung.

- Sagen die Worten, über und über.

- Schreiben die Verse auf einem Notizblock, und nehmen es überall mit Ihnen, so dass Sie kann beziehen zu dem notizblock oft, um aufzufrischen Ihr Gedächtnis.

Sie können auch halten dieses Buch mit Ihnen zu allen Zeiten, für eine einfache Referenz.

Es ist wichtig, daß Sie halten, die Verse zu wiederholen. Wiederholen Sie sie, mindestens einmal wöchentlich, und benutzen Sie sie regelmäßig mit Glauben. In kürzester zeit, Sie werden sein in der Lage zu rufen ihnen von Speicher, wenn die Notwendigkeit entsteht.

Teil Zwei

Die Kreativität, Perfektion und Glanz Gottes

Der Schöpfer und Besitzer der Himmel und Erde

Lassen Sie den Himmel, Erde und Meer und alles, die ist darinnen, loben Ihn. ~ Psalm 69:34

1. **Der Herr, mein Schöpfer**
   ~Psalm 95:6

2. **Elohim - Der ewige Schöpfer**
   ~ Referenz Genesis 1:1

3. **Der Besitzer der Himmel und Erde**
   ~Genesis 14:22

4. **Der Schöpfer der Enden der Erde**
   ~Jesaja 40:28

5. **Der Schöpfer Israels**
   ~Jesaja 43:15

6. **Der Töpfer**
   ~Jesaja 64:8

7. **Der Schöpfer, der geschaffen alles, das existiert**
   ~Jeremia 10:16

8.	**Die Zuversicht aller Enden der Erde und der fernsten Meere!**
	~Psalm 65:5

9.	**Der Schöpfer von die Reichen und die Armen**
	~Sprüche 22:2

10.	**Mein Gott, wer bildet die Berge, und erstellt den Wind**
	~Amos 4:13

11.	**Mein Gott, der erschuf Himmel und die dinge in es; der Erde und die dinge in es; die Meere, und alle die ist darin**
	~Offenbarung 10:6

12.	**Mein Gott, wer stellt sich den Schatten des Todes in Morgen, und verdunkelt den Tag in Nacht**
	~Amos 5:8

13.	**Mein Gott, der gemacht großen Lichter: die Sonne, den Tag zu regieren; der Mond und die Sterne die Nacht regieren**
	~Psalm 136:7-9

14.	**Mein Gott, der baute alles**
	~Hebräer 3:4

15. **Mein Gott, wer gibt Regen auf die Erde und sendet Wasser auf den Feldern**
~Hiob 5:10

16. **Mein Gott, der hat aufgerichtet alle Enden der Erde**
~Sprüche 30:4

17. **Mein Gott, wer allein dehnt sich der Himmel, und tritt auf den Wellen des Meeres**
~Hiob 9:8

18. **Mein Gott, wer bringt heraus den Sternenhimmel Heer eins nach dem anderen, und nennt sie jeder von name. Durch seine große Macht und mächtige Kraft, fehlt nicht einer von ihnen**
~Jesaja 40:26

19. **Mein Gott, wer gibt Atem zu die Menschen auf der Erde, und Geist zu denen, die wandeln auf es**
~Jesaja 42:5

20. **Mein Gott, der mir mehr lehrt als die Tiere der Erde, und macht mich weiser als die Vögel des Himmels**
~Hiob 35:11

21. **Mein Gott, wer geschlossen herauf das meer mit türen, wenn es brach hervor**
~Hiob 38:8

22. **Mein Herr, der gemacht mich, und bildete mich von die Mutterleibe**
~Jesaja 44:2

23. **Mein Herr, wer gezogen mich aus dem Mutterleibe**
~ Referenz Psalm 22:9

24. **Mein Gott, wer kommandiert, der das Licht um leuchten aus der Finsternis**
~2 Korinther 4:6

25. **Mein Herr, der gemacht das hörende Ohr und das sehende Auge**
~Sprüche 20:12

26. **Mein Gott, wer bildet die Herzen aller, und beobachtet alle die ich tun**
~Psalm 33:15

27. **Mein Gott, wer hat die ganze Welt in Seinen Händen**
~ Referenz Jesaja 40:12

28. **Mein Herr, Gott der Allmächtige, der jedes Haar auf meinem Kopf gezählt hat**
~Matthäus 10:30

29. **Mein Gott, in dessen Hand mein Odem ist**
~ Referenz Daniel 5:23

30. **Der Töpfer, die hat Macht über den Ton aus demselben Klumpen, zu machen ein Gefäß zu Ehren, und ein anderes zu Unehre**
~Römer 9:21

31. **Der Schöpfer, der nie vergisst seine Schöpfung**
~ Referenz Jesaja 49:14-15

32. **Der Schöpfer, welcher gepriesen ist in Ewigkeit**
~Römer 1:25

33. **Die welt ist Ihres, und alle die ist darin.**
~Psalm 50:12

34. **Das Meer ist Ihres, für Sie machte es; Ihre Hände machte das trockene land.**
~Psalm 95:5

35. **Mit Ihr große Kraft und ausgestrecktem arm, Sie machte die Erde, und ihre Menschen, und Tiere, die sind auf ihr, und Sie geben es an diejenigen, die Sie wollen.**
~Jeremia 27:5

36. **Die jungen Löwen brüllen nach ihre beute, und suchen ihre nahrung von Ihnen.**
~Psalm 104:21

37. **Große Meerestiere und alle Tiefen des Ozeans; Blitz und Hagel, Schnee, Wolken und stürmischer Wind, tun Ihr Bieten.**
~Psalm 148:7-8

38. **Tiere tun Ihr Gebote.**
~ Referenz Daniel 6:22

39. **Die vögel in der luft, tun Ihr Gebote.**
~ Referenz 1 Koenige 17:4-6

40. **Die fische in das meer, tun Ihr Gebote.**
~ Referenz Jona 1:17 & 2:10

41. Das wind und das meer, tun Ihr
    Gebote.
    ~ Referenz Matthäus 8:26

42. Ihres ist das Silber; das Gold Ihnen
    gehört.
    ~Haggai 2:8

43. In Ihr Hand sind die Tiefen der
    Erde. Die Stärke der Hügel auch,
    Ihnen gehört.
    ~Psalm 95:4

44. Sie eigen alle meine Wege.
    ~ Referenz Daniel 5:23

45. Sie etabliert alle Enden der Erde;
    Sie machte Sommer und Winter.
    ~Psalm 74:17

46. Ein tag mit Ihnen ist wie tausend
    Jahre, und tausend Jahre wie ein
    Tag.
    ~2 Petrus 3:8

47. Der Himmel, den Himmel des
    Himmel, der Erde, und alle die ist
    in es, gehören Ihnen.
    ~Deuternomium 10:14

48. Ihres ist die Erhabenheit, und die Stärke, und der Ruhm, und der Sieg, und der Majestät; denn alles im Himmel und auf Erden Ihnen gehört.
~1 Chronik 29:11

49. Alles unter Himmel, gehört Ihnen.
~Hiob 41:11

50. Durch Ihr Wort wurden die Himmel gemacht, und alle ihr Heer durch den Hauch Ihr Mundes.
~Psalm 33:6

51. In Ihr Hand ist die Seele eines jeden Lebewesens, und der Geist aller menschlichen fleisches.
~Hiob 12:10

52. Sie liefern Nahrung für die Raben wenn seine junge Schrei aus um Sie, umherirren ohne Nahrung.
~Hiob 38:41

53. Ihres ist der tag, und die nacht auch, Ihnen gehört; Sie etabliert die sonne, und der mond.
~Psalm 74:16

54. **Das Herz des Menschen erdenkt seinen Weg, aber Sie, direkte seine Schritte.**
~Sprüche 16:9

55. **Viele sind die Pläne in das Herzen der Männer, aber Ihr zweck, herrscht.**
~Sprüche 19:21

56. **Eines Mannes Schritte richten sich nach Ihnen, Herr; Wie kann ein Mann dann verstehen seinen eigenen Weges?**
~Sprüche 20:24

57. **Die entwürfe des herzens gehören zu mann, aber die antwort der zunge kommt von Ihnen.**
~Sprüche 16:1

58. **Angelegenheiten des todes Ihnen gehören.**
~Psalm 68:20

59. **Sie schauen von den Himmeln herab, und sehen alle Menschenkinder.**
~Psalm 33:13

60. Die erde ist voll Ihre Reichtümer.
~Psalm 104:24

61. Jedes tier des Waldes ist Ihres,
und das Vieh auf tausend Bergen.
~Psalm 50:10

62. Sie erstellt alle dinge, und für Ihr
Vergnügen sie sind, und wurden
erstellt.
~Offenbarung 4:11

63. Sie die Erde gegründet auf ihre
Grundfesten; es wird nicht werden
verschoben, immer und ewiglich.
~Psalm 104:5

64. Sie streckte den Himmel wie einen
Baldachin, und breitete sie aus wie
ein Zelt zu wohnen in.
~Jesaja 40:22

65. Sie gemacht Himmel, der Himmel
von Himmel, und all ihr Heer.
~Nehemia 9:6

66. Sie gegründet die erde durch Ihr
weisheit, und ausgespannt die
Himmel durch Ihr verständnis.
~Jeremia 10:12

67. Sie machen gras wachsen für das vieh, und pflanzen für den menschen zu säen; zu bieten lebensmittel aus der erde.
~Psalm 104:14

68. Sie machen Finsternis, und es ist Nacht, wenn alle Tiere des Waldes, kriechen.
~Psalm 104:20

69. Sie machen alle dinge schön in Ihr Zeit.
~Prediger 3:11

70. Sie gab dem Meer seine Schranken, so dass das Wasser nicht überschreiten würde Ihr Befehl.
~Sprüche 8:29

71. Sie senden den Brunnen zu den Tälern. Es fließt zwischen den Bergen und durchnässen alle die Tiere des Feldes; die Wildesel stillen ihren Durst.
~Psalm 104:10-11

72. Sie senden blitze, mit regen, und bringen die Wind aus Ihre lagerhäuser.
~Jeremia 10:13

73. Sie wasser die Hügel aus Ihre oberen Kammern. Der Erde ist zufrieden durch die Frucht von Ihre Hande.
~Psalm 104:13

74. Der Sie das Licht bilde und die Finsternis schaffe.
~Jesaja 45:7

75. Sie töten und machen lebendig.
~1 Samuel 2:6

76. Sie machen Frieden, und schaffe Unglück.
~Jesaja 45:7

77. Sie stürzen in Scheol, und bringen herauf.
~1 Samuel 2:6

78. Sie, zu wem ich bin verantwortlich.
~Hebräer 4:13

79. In Ihnen ich leben, und
verschieben, und haben meine
existenz.
~Apostelgeschichte 17:28

80. Sie machen Ihr Sonne zu steigen
über das Böse, und das Gute.
~Matthäus 5:45

81. Sie senden Regen über die
Gerechte, und die Ungerechte.
~Matthäus 5:45

82. Sie bewahren Menschen, und
Tieren.
~Psalm 36:6

83. Sie gemacht alles für Ihr Absicht,
und auch das Gottlosen, für den
Tag des Bösen.
~Sprüche 16:4

84. Sie herrschest über das
ungestüme Meer; Sie stillest seine
Wellen, wenn sie sich erheben.
~Psalm 89:9

85. Sie kenne alle Vögel der Berge,
und alle Tiere gehören Ihnen.
~Psalm 50:11

86.   Treuen Schopfer
-1 Petrus 4:19

Herrliche Gott

*Und gesegnet ist Seiner herrlicher Name ewiglich:
lass die ganze Erde mit Seiner Herrlichkeit ausgefüllt
werden! Amen, und Amen. ~ Psalm 72:19*

87. König der Herrlichkeit
~Psalm 24:10

88. Herrlich Herr
~Jesaja 33:21

89. Die Herrlichkeit meiner Stärke
~Psalm 89:17

90. Das Licht Israels
~Jesaja 10:17

**91. Mein Gott, der deckt sich selbst mit
Licht, wie mit einem Kleid**
~Psalm 104:2

**92. Mein Herr, wessen Haupt und
Haare sind weiße wie Wolle, wie
weiße wie Schnee**
~Offenbarung 1:14

**93. Mein Herr, wessen Füße sind wie
glänzendem Kupfer**
~Offenbarung 2:18

94. Mein Herr, wessen Augen sind wie lodernden Feuer
~Offenbarung 19:12

95. Mein Herr, wer hat auf seinem Haupte, viele Diademe
~Offenbarung 19:12

96. Mein Gott, der bewohnt in unzugängliches Licht
~1 Timotheus 6:16

97. Der Saum Ihres Gewandes, füllt den Tempel.
~Jesaja 6:1

98. Es ist Ihr Herrlichkeit um verbergen eine Sache. Um suche aus eine Sache ist die Ehre der Könige.
~Sprüche 25:2

99. Himmel, auch der Himmel von Himmel, können nicht fassen Ihnen.
~2 Chronik 2:6

100. Die Himmel erklären Ihr Herrlichkeit, und das Firmament zeigt die Werk von Ihre Hände.
~Psalm 19:1

101. **Wer ist wie Ihnen, mein Herr;**
     Herrliche in Heiligkeit!
     ~Exodus 15:11

102. **Ihr Ruhm deckt der Himmel und Ihr**
     Lob füllt die Erde.
     ~Habakuk 3:3

103. **Ihr Majestät ist über der Erde, und**
     Himmel.
     ~Psalm 148:13

104. **Sie machen die Wolken Ihr**
     streitwagen, und reiten auf den
     flügeln des windes.
     ~Psalm 104:3

105. **Sie sind schöner, prächtiger und**
     mächtiger als die Berge von Beute.
     ~Psalm 76:4

106. **Die ganze Erde ist voll Ihr**
     Herrlichkeit!
     ~Jesaja 6:3

Die Selbst Existierende Gott

"Höre auf mich, Jakob, und Israel, mein Berufener!
Ich bin Er; Ich bin der Erste, Ich auch der Letzte".
~ Jesaja 48:12

107. "ICH BIN DER ICH BIN"
~Exodus 3:14

108. "ICH BIN"
~Exodus 3:14

109. JEHOVA YAHWEH
~Exodus 6:3

110. Das Erste, und das Letzte
~Jesaja 48:12

111. Das Anfang und das Ende
~Offenbarung 22:13

112. Das Alpha und das Omega
~Offenbarung 22:13

113. Der König, Unsichtbar
~1 Timotheus 1:17

114. Der Herr des Himmels und der erde, wer wohnt nicht in tempeln die mit händen gemacht sind.
~Apostelgeschichte 17:24

115. **Der Gott wer versteckt selbst**
~Jesaja 45:15

116. **Mein Gott, wen niemand hat gesehen, noch kann sehen**
~1 Timotheus 6:16

117. **Mein Gott, wer nicht wird von menschenhänden bedient als wenn er etwas bedürfe**
~Apostelgeschichte 17:25

118. **Mein Gott, der füllt Himmel und Erde**
~Jeremia 23:24

119. **Mein Gott, wer ist alles in allem**
~Epheser 1:23

120. **Ehe die Berge wurden geboren, und Sie erstellt die Erde und die Welt, auch von Ewigkeit zu Ewigkeit, Sie sind Gott.**
~Psalm 90:2

121. **Sie sind Gott, und es gibt keinen Gott außer Ihnen.**
~Jesaja 45:5

122. Sie sind ehe alle dinge, und alle dinge existieren zusammen, durch Ihnen.

~Kolosser 1:17

123. Sie tun alle dinge, für den Zweck Ihr Wille.

~Epheser 1:11

124. Bevor Ihnen ward kein Gott gebildet, und nach Ihnen wird keiner sein.

~Jesaja 43:10

Der Unveränderlich Gott

Zu dem Könige der Zeitalter, dem Unverweslichen,
Unsichtbaren, der einzige weise Gott, sei Ehre und
Herrlichkeit von Ewigkeit zu Ewigkeit! Amen.
~ 1 Timotheus 1:17

125. El Olam - Der Ewige Gott
~Genesis 21:33

126. Jehova Shammah - Der Herr, Gott, Wer ist Es
~Hesekiel 48:35

127. Der Alte der Tage
~Daniel 7:22

128. Ewiger König
~Jeremia 10:10

129. Der lebendige Gott
~Daniel 6:26

130. Der unverweslichen Gott
~Römer 1:23

131. Brunnen des lebendigen Wassers
~Jeremia 2:13

132. Meine ewigen Licht
~Jesaja 60:20

133. Der König, dem unverweslichen
~1 Timotheus 1:17

134. Vater der himmlischen Lichter, mit wem es ist keine Wankelmut, noch Schatten des Wechsels
~Jakob 1:17

135. Mein Gott, wer ist, wer war, und wer ist zu kommen
~Offenbarung 1:8

136. Mein Gott, der ewig währt
~Daniel 6:26

137. Ihr Königtum wird nicht werden zerstört.
~Daniel 6:26

138. Ihr Herrschaft wird nie enden.
~Daniel 6:26

139. Ihr Thron ist längst etabliert.
~Psalm 93:2

140. Ihr Name ist vom ewigkeit.
~Jesaja 63:16

141. Ihr Thron ist von Geschlecht zu Geschlecht.
~Klagelieder 5:19

142.   Sie sind aus Ewigkeit.
~Psalm 93:2

143.   Sie sind Der Herr; Sie ändern nicht.
~Maleachi 3:6

144.   Sie leben für immer, und ewig.
~Offenbarung 4:10

Teil Vier

Die Vorherrschaft Gottes

Der Oberste Gott

Der Herr hat in den Himmeln festgestellt seinen
Thron, und sein Reich herrscht über alles.
~ Psalm 103:19

145.   El Elyon - Der Allerhöchsten Gott
~Genesis 14:20

146.   Gott in der Höhe
~Lukas 2:14

147.   Adonai - Souverän Herr und
Meister
~Genesis 15:2

148.   Der Herrscher der Könige der Erde
~Offenbarung 1:5

149.   Der großer König über die ganze
Erde
~Psalm 47:2

150.   KÖNIG der Könige und HERR der
Herren
~Offenbarung 19:16

151.   König der Heiligen
~Offenbarung 15:3

152. **König von Himmel**
~Daniel 4:37

153. **Der Herr, mein König**
~Jesaja 33:22

154. **Ein großer König über alle Götter**
~Psalm 95:3

155. **Majestät, auf Hoher**
~Hebräer 1:3

156. **Der Gouverneur, unter nationen**
~Psalm 22:28

157. **Ein großer König**
~Maleachi 1:14

158. **Der Hohe und Erhabene, der in Ewigkeit wohnt**
~Jesaja 57:15

159. **Der höchste Gott, wer über das Königtum der Menschen herrscht, und ernennt darüber es, wem er wird**
~Daniel 5:21

160. **Der König, wer gibt anweisungen zu könige**
~ Referenz 1 Samuel 15:2-3

161. **Mein Gott, wer ist höher als der höchste**
~*Prediger 5:8*

162. **Mein Gott, der da thront über dem Kreise der Erde, und ihre Bewohner sind wie Heuschrecken**
~*Jesaja 40:22*

163. **Mein Gott, der laufflächen die Hoher Orte von der Erde**
~*Amos 4:13*

164. **Mein Gott, der hoch oben thront**
~*Psalm 113:5*

165. **Mein Herr, wer herrscht**
~*Psalm 99:1*

166. **Mein Gott, deren Herrlichkeit ist oberhalb des Himmelsgewölbe**
~*Psalm 8:1*

167. **Mein Gott, der ist hoch, und erhaben**
~*Jesaja 6:1*

168. **Mein Gott, der arbeitet in mir, beides um wollen, und um tun von Seinem Wohlgefallen**
~*Philipper 2:13*

169. Wer ist das gleich wie Sie, unter den Söhnen der Starken?

~Psalm 89:6

170. Es ist nicht Autorität, außer dass welche Sie haben gebaut. Die Behörden die existieren waren gegründet von Ihnen.

~Römer 13:1

171. Der Himmel ist Ihr Thron, und die Erde ist der Schemel von Ihre Füße.

~Jesaja 66:1

172. Ihr Name allein, ist erhaben.

~Psalm 148:13

173. Eine Königs Herz ist in Ihr Hand; Sie drehen es wo immer Sie will wie ströme von wasser.

~Sprüche 21:1

174. Als der Himmel sind höher als der Erde, so sind Ihre Wege, höher, als meine Wege, und Ihre Gedanken als, meine Gedanken.

~Jesaja 55:9

175. Ihres ist das Königreich, Herr, und
Sie sind erhaben als Haupt über
alles.
~1 Chronik 29:11

176. Sie sind höheren als die Könige
der Erde.
~Psalm 89:27

177. Sie sind bekleidet mit Hoheit.
~Psalm 93:1

178. Sie etabliert Ihr Thron in Himmeln,
und Ihr Reich herrscht über alles.
~Psalm 103:19

179. Sie sind erhaben über alle Götter.
~Psalm 97:9

180. Sie gießen verachtung am edle,
und schwächen den gürtel der
starken.
~Hiob 12:21

181. Sie machen nationen, große, und
zerstören sie.
~Hiob 12:23

182. Sie vergrößern nationen, und
zerstreuen ihnen.
~Hiob 12:23

183. Sie sind Gott, und nicht ein Mensch.
~Hosea 11:9

184. Sie tun als Sie wollen mit dem Heere des Himmels, und die Bewohnern der erde.
~Daniel 4:35

185. Sie entfernen könige, und legen nach oben könige.
~Daniel 2:21

186. Sie brechen der geist von Herrscher.
~Psalm 76:12

187. Sie sind gefürchtet durch die Königen der Erde.
~Psalm 76:12

188. Sie senden Ihr Befehle zu der Erde; Ihr Wort läuft, schnell.
~Psalm 147:15

189. Sie bringen prinzen zu nichts, und reduzieren die Herrscher der Welt zu nichts.
~Jesaja 40:23

190. **Sie gießen verachtung auf Fürsten, und machen sie wandeln in der unwegsamen Wüste.**
~Psalm 107:40

191. **Mein Gott, wer setzen abgesehen die gottesfürchtigen, für Sich Selbst**
~Psalm 4:3

192. **Sie sind bekleidet mit Pracht und Majestät.**
~Psalm 104:1

193. **Sie führen fürsten weg, ruiniert, und umstürzen die mächtigen.**
~Hiob 12:19

194. **Sie führen Ratgebern weg, beraubt, und machen narren der Richter.**
~Hiob 12:17

195. **Sie leben auf Hohe.**
~Jesaja 33:5

196. **Sie sitzen inthronisiert über der flut; Sie sind inthronisiert als König ewiglich.**
~Psalm 29:10

197. Sie allein, sind Herr.
~Nehemia 9:6

198. Ihr Name ist ausgezeichnet in der ganzen Erde.
~Psalm 8:1

199. Sie sind König für immer und ewig.
~Psalm 10:16

Gott Aller

Sie glaubst daß Gott einer ist, Sie tust wohl. Auch die Dämonen glauben und zittern. ~ Jakob 2:19

200.   Jehova- Eloheenu - Der Herr, mein Gott
~Psalm 99:5

201.   Jehova Sabaoth - Der Herr der Heerscharen
~1 Samuel 17:45

202.   Der Herr
~Jesaja 43:15

203.   Der Höchste über die ganze Erde!
~Psalm 83:18

204.   Gott des Himmels
~Offenbarung 16:11

205.   Der Gott aller Familien Israels
~Jeremia 31:1

206.   Gott meiner Lebens
~Psalm 42:8

207.   Der Gott alles Fleisches
~Jeremia 32:27

208. **Der Gott der Geister alles Fleisches**
~Numeri 27:16

209. **Der Gott aller Gnade**
~1 Petrus 5:10

210. **Der Gott der götter**
~Psalm 136:2

211. **Der Gott der Heere Israels**
~1 Samuel 17:45

212. **Der Gott des Geists der heiligen Propheten**
~Offenbarung 22:6

213. **Gott Abrahams, Gott Isaaks, und Gott Jakobs**
~Exodus 3:6

214. **Der Gott Elia**
~2 Koenige 2:14

215. **Gott von Daniel**
~Daniel 6:26

216. **Der Gott der Hoffnung**
~Römer 15:13

217. **Gott der meiner Rettung**
~Psalm 68:19

218. **Gott der ganzen Erde**
~Jesaja 54:5

219. **Mein Teil, immer**
~ Referenz Psalm 73:26

220. **Mein Teil im Lande der Lebendigen.**
~ Referenz Psalm 142:5

221. **Gott der mein Barmherzigkeit**
~ Referenz Psalm 59:10

222. **Gott alles Trostes**
~2 Korinther 1:3

223. **Gott Israels, inthronisiert zwischen den Cherubim**
~Jesaja 37:16

224. **Gott der Liebe**
~2 Korinther 13:11

225. **Gott der Friedens**
~2 Korinther 13:11

226. **Der Gott der Geduld**
~Römer 15:5

227. **Gott der Tröstung**
~Römer 15:5

228. **Der Herr mein Gott, Einer, Gott!**
~Deuternomium 6:4

229. **Herr, aller**
~Apostelgeschichte 10:36

230. **Gott meiner Lob**
~ Referenz Psalm 109:1

231. **Der Herr von der Ernte**
~Matthäus 9:38

232. **Der Weingärtner**
~Johannes 15:1

233. **Gesegnet, Gott**
~1 Timotheus 1:11

234. **Mein sehr großer Belohnung**
~Genesis 15:1

235. **Mein Herr, wer ruft Seine volkes, durch name**
~Jesaja 43:1

Teil Fünf

Die Heiligkeit und Reinheit Gottes

Rechtschaffen Gott

Und meine Zunge wird reden von Ihr Gerechtigkeit,
und von Ihr Lobe den ganzen Tag. ~ Psalm 35:28

236. **Jehovas Tsidkenu - Der Herr, mein Rechtschaffenheit**
~Jeremia 23:6

237. **Ein gerechter Gott**
~Jesaja 45:21

238. **Die Sonne von Rechtschaffenheit**
~Maleachi 4:2

239. **Die Gerechten Herr, die liebt Gerechtigkeit**
~Psalm 11:7

240. **Der Rechtschaffen Ein, wer den Weg der Gerechten wiegt**
~Jesaja 26:7

241. **Mein Heiliger Ein!**
~Jesaja 43:15

242. **Mein Gott, wer hält die Pfade des Urteils, und bewahrt den Weg seiner Heiligen**
~Sprüche 2:8

243. Mein Gott, wer ist zornig mit dem bösen jeden Tag
~Psalm 7:11

244. Mein Gott, wer hat nicht vergnügen in Bosheit; böse tut nicht wohnen mit Ihm
~Psalm 5:4

245. Mein Herr, wer Flüche das Haus des Gottlosen, sondern segnet die Wohnung der Gerechten
~Sprüche 3:33

246. Mein Gott, wessen Urteile sind gerecht und wahr; mehr erwünscht als kostbare gold, als viel feines gold; süßer als Honig und Waben
~Psalm 19:9-10

247. Mein Gott, wer versucht die Herzen, und hat Freude an Aufrichtigkeit
~1 Chronik 29:17

248. Mein Gott, der ist gut und gerade, und lehrt die Sünder in dem Wege
~Psalm 25:8

249. **Mein Gott, wer ist Licht, und hat keine finsternis in Ihm**
~1 Johannes 1:5

250. **Mein Gott, wessen Ohren sind nicht dicht, dass Er nicht können hören**
~ Referenz Jesaja 59:1

251. **Heilig ist Ihr Name.**
~Lukas 1:49

252. **Es ist kein Ungerechtigkeit in Ihnen.**
~Psalm 92:15

253. **Ihre Ohren sind aufmerksam auf das Gebet der Gerechten.**
~1 Petrus 3:12

254. **Ihr Rechtschaffenheit ist wie die mächtig bergen.**
~Psalm 36:6

255. **Ihr Wege sind gerade, und der rechtschaffen unter ihnen wandeln; aber die rebellische wird fallen von ihnen.**
~Hosea 14:9

256. Was unter den Menschen hoch ist, ist ein Greuel bevor Ihnen.
~*Lukas 16:15*

257. Ihre Augen sind zu rein, um suchen auf böses.
~*Habakuk 1:13*

258. Vollkommen ist Ihr Tun.
~*Deuternomium 32:4*

259. Ihr rechte Hand ist gefüllt mit Gerechtigkeit.
~*Psalm 48:10*

260. Ihre Augen sind auf der rechtschaffen.
~*1 Petrus 3:12*

261. Das Opfer des bösen ist ein greuel für Sie, aber das gebet der aufrichtigen ist Ihr vergnügen.
~*Sprüche 15:8*

262. Das zepter von Ihr Reich ist ein Zepter von Gerechtigkeit.
~*Psalm 45:6*

263. Lügenlippen sind ein Gräuel für Sie, aber diejenigen wer praktizieren wahrheit, sind Ihr Vergnügen.
~Sprüche 12:22

264. Er wer den Gesetzlosen rechtfertigt, und wer den Gerechten verdammt, beide sind ein Greuel Sie.
~Sprüche 17:15

265. Die Gedanken des bösen sind ein Gräuel für Sie, aber die Worte des rein sind Ihr Vergnügen.
~Sprüche 15:26

266. Ihre Augen bewahren Wissen, aber Sie umstürzen die Worte der Übertreter.
~Sprüche 22:12

267. Ihre Gebote sind Recht; sie geben freude zu das Herz.
~Psalm 19:8

268. Ihre Befehle sind strahlende, sie geben Licht zu die Augen.
~Psalm 19:8

269. Sie sind heilig.
~1 Petrus 1:16

270. Sie werden nicht tun Unrecht.
~Zephanja 3:5

271. Sie hassen alle, die tun Übles.
~Psalm 5:5

272. Sie tun nicht nehmen Ihre Augen weg von dem rechtschaffenen. Sie inthronisieren ihnen mit Könige, und erhöhen ihnen für immer.
~Hiob 36:7

273. Das Pervers Herz ist ein Gräuel für Sie, aber Sie haben Vergnügen in den Wegen des schuldlos.
~Sprüche 11:20

274. Der Weg der Gottlosen ist ein Gräuel für Sie, aber Sie lieben diejenigen die verfolgen Gerechtigkeit.
~Sprüche 15:9

275. Sie sind aufrecht und gerecht.
~Deuteronomium 32:4

276. **Sie sind barmherzig und rechtschaffen.**
~Psalm 116:5

277. **Der Heilige Israels!**
~Jesaja 30:15

Der Treue und Wahrhaftige Gott

Die Himmel werden Ihre Wunder preisen, Herr; Ihr Treue auch in der Gemeinde der Heiligen.
~ Psalm 89:5

278.   Ein Gott der Wahrheit, und ohne Missetat
~Deuternomium 32:4

279.   Das Weg
~Johannes 14:6

280.   Das Wahrheit
~Johannes 14:6

281.   Das Leben
~Johannes 14:6

282.   Der allein wahren Gott
~Johannes 17:3

283.   Treu und Wahrhaftig
~Offenbarung 19:11

284.   Herr, heilig und wahrhaftig
~Offenbarung 6:10

285.   Das wahrhaftige Brot aus dem Himmel
~Johannes 6:32

286. **Das wahrhaftige Licht**
~Johannes 1:9

287. **Zuverlässig Gott**
~ Referenz Psalm 37:25

288. **Mein Gott, der tut nicht schlummer, noch schläft**
~ Referenz Psalm 121:4

289. **Mein Gott, wer hält Bund und Barmherzigkeit mit Seinen Knechten, die wandeln vor Ihm mit deren ganze Herzen**
~1 Koenige 8:23

290. **Mein Gott, wer hält Bund und Barmherzigkeit mit denen die lieben Ihn und halten Seine Gebote, auf ein tausend Generationen**
~Deuternomium 7:9

291. **Mein Gott, die hat keine Vergnügen in narren**
~Prediger 5:4

292. **Mein Gott, der bestätigt des Wortes Sein Knecht, und führt der Ratschlag von Seine Bote**
~Jesaja 44:26

293. **Mein Gott, dessen Worte sind rein wie Silber, wie Silber gereinigt in der Erde, siebenmal**
~Psalm 12:6

294. **Die Werke von Ihre Hände sind treu und gerecht.**
~Psalm 111:7

295. **Was Sie sagen, Sie wird tun.**
~Jesaja 46:11

296. **Was Sie haben entschlossen zu tun, Sie wird tun.**
~Jesaja 46:11

297. **Ihr wort bleibt in Ewigkeit.**
~1 Petrus 1:25

298. **Ihr wort ist eine lampe für meine Fuße, und licht für meinen pfad.**
~ Referenz Psalm 119:105

299. **Ihr Weg ist perfekt.**
~Psalm 18:30

300. **Ihre Statuten sind zuverlässig; sie machen die einfach weise.**
~Psalm 19:7

301. **Ihr Zeugnis ist größer als das zeugnis von mann.**
~1 Johannes 5:9

302. **Ihr Gebot ist ewige leben.**
~Johannes 12:50

303. **Ihre Ratschlüsse von alters sind, Treue und wahrhaftig.**
~Jesaja 25:1

304. **Ihr Wort ist für immer, angesiedelt, im Himmel.**
~Psalm 119:89

305. **Ihr Gesetz ist vollkommen, erfrischend die Seele.**
~Psalm 19:7

306. **Sie sind kein Mensch, dass Sie sollte lüge, noch ein Menschensohn, dass Sie sollte bereuen.**
~Numeri 23:19

307. **Sie werden nicht brechen Ihr Bund, oder ändern was Ihre Lippen haben gesprochen.**
~Psalm 89:34

308. Sie machen sich bekannt auf Ihre Propheten, durch Visionen und Träume.
 ~Numeri 12:6

309. Sie deklarieren neue dinge, bevor sie heraufkommen.
~Jesaja 42:9

310. Sie gedenken Ihr Bund, immer.
~Psalm 111:5

311. Sie sind nahe allen, die Ihnen anrufen.
~Psalm 145:18

312. Sie sind nicht locker auf Ihr Versprechen, wie einige Männer zählen Schlaffheit.
 ~2 Petrus 3:9

313. Ihr Treue erreicht auf den wolken.
~Psalm 36:5

Teil Sechs

Die
Größenordnung
der
Kraft Gottes

Ehrfürchtig Gott

Denn groß ist Jehova und sehr zu loben; Er ist befürchtet über alle Götter.~ Psalm 96:4

314.   Ein verzehrendes Feuer
~Hebräer 12:29

315.   Großer Gott, mächtige und furchtbare, wer wird nicht respektieren Personen, oder akzeptieren belohnen
~Deuternomium 10:17

316.   Die Furcht Isaaks
~Genesis 31:42

317.   Der Gott der Herrlichkeit, wer donnert
~Psalm 29:3

318.   Mein Herr, der das Meer erregt, und seine Wogen brausen
~Jesaja 51:15

319.   Mein Herr, der das scharfe, zweischneidige Schwert hat
~Offenbarung 2:12

320. **Mein Gott, der reitet auf der Himmel der Himmel**
~Psalm 68:33

321. **Mein Gott, wer donnert mit eine mächtige Stimme**
~Psalm 68:33

322. **Mein Herr, der das Land anrührt und es zerfließt, und alle, die wohnen darin trauern**
~Amos 9:5

323. **Mein Gott, wer hat gebunden die Wasser in ein Tuch**
~Sprüche 30:4

324. **Mein Gott, wer streiks**
~Hesekiel 7:9

325. **Mein Gott, wer schaut auf die Erde, und es zittert**
~Psalm 104:32

326. **Mein Gott, der macht Seine Engel Geister, und Seine Dienern, Feuerflammen**
~Psalm 104:4

327. **Mein Gott, der hat den Wind in seine Fäuste gesammelt**
~*Sprüche 30:4*

328. **Mein Gott, der kann zerstören sowohl Körper und Seele in Hölle**
~*Matthäus 10:28*

329. **Mein Herr, wer bricht das Haus des Hoffärtigen, und bewahrt die Grenze der Witwe**
~*Sprüche 15:25*

330. **Mein Gott, wer antwortet durch Feuer**
~*1 Koenige 18:24*

331. **Ihr Stimme teilt die flammen von feuer.**
~*Psalm 29:7*

332. **Ihr Stimme erschüttert die Wildnis.**
~*Psalm 29:8*

333. **Sie schütteln die Wüste Kades.**
~*Psalm 29:8*

334. **Ihr Stimme macht die Hirschkuh zu sein in Wehen.**
~*Psalm 29:9*

335. Ihr Stimme ist kraftvoll.
~Psalm 29:4

336. Ihr Stimme aufdeckt die wälder.
~Psalm 29:9

337. Ihr Stimme ist majestätisch.
~Psalm 29:4

338. Ihr Stimme zerbricht Zedern.
~Psalm 29:5

339. Ihr Stimme ist wie der klang der rauschen wasser.
~Offenbarung 1:15

340. Ihr Name ist schrecklich unter den Heiden.
~Maleachi 1:14

341. Ihr Thron ist wie Feuerflammen, dessen Räder wie loderndes Feuer.
~Daniel 7:9

342. Wer kann vor Ihnen bestehen, wenn Sie sind wütend?
~Psalm 76:7

343. Wenn Sie sind wütend, der Erde zittert.
~Jeremia 10:10

344. Die Gewässer in die Himmel
brüllen, wenn Sie donner.
~Jeremia 10:13

345. Nationen kann nicht ertragen Ihr
Zorn.
~Jeremia 10:10

346. Ihr Grimm ergießt sich wie feuer,
und die felsen sind geworfen nach
unten von Ihnen.
~Nahum 1:6

347. Bei Ihr Schelten, der streitwagen
und die pferd sind gegossen in
einem toten Schlaf.
~Psalm 76:6

348. Ihr Name ist Heilig und Ehrfürchtig.
~Psalm 111:9

349. Männer fürchten Ihr Name aus dem
Westen, und Ihr Herrlichkeit vom
Aufgang der Sonne.
~Jesaja 59:19

350. Wer hat verhärtet sich wider Sie,
und gedieh?
~Hiob 9:4

351. Feuer vorausgeht Ihnen und zündet Ihre feinde, auf jeder seite.
~Psalm 97:3

352. Sie sind befürchtet, über alle götter.
~Psalm 96:4

353. Sie stärken die verwöhnte gegen die starke, so dass die verwöhnte wird kommen gegen den starke.
~Amos 5:9

354. Sie schütteln die erde von ihr platz, und die säulen erzittern.
~Hiob 9:6

355. Sie allein sind zu befürchten.
~Psalm 76:7

356. Sie sind stark in der versammlung der Heiligen gefürchtet.
~Psalm 89:7

357. Sie sind gefürchtet, mehr als diejenigen wer umgeben Ihnen.
~Psalm 89:7

358. Sie berühren die Berge, und sie rauchen.
~Psalm 104:32

359. **Sie sind ehrfürchtig in Ihr Heiligtum.**
~Psalm 68:35

360. **Sie sind Ehrfürchtig in Ihr tut um die Menschenkinder.**
~Psalm 66:5

361. **Wer ist wie Ihnen, Herr, furcht erregend, in lob?**
~Exodus 15:11

Der Allmächtige Gott

Lobet Ihn wegen seiner Machttaten; lobet ihn nach der Fülle seiner Größe! ~ Psalm 150:2

362. **El Shaddai - Der Allmächtige Gott, mein Hinlänglichkeit**
~Genesis 17:1

363. **Der Herr Gott, Allmächtige**
~Offenbarung 19:6

364. **Der Mächtige Einer Israels**
~Jesaja 1:24

365. **Ein Großer Gott**
~Psalm 95:3

366. **Ein Eifernder Gott**
~Exodus 34:14

367. **Der Große Herr, der ist meisten lobenswert**
~1 Chronik 16:25

368. **Der Mächtige Einer Jakobs**
~Jesaja 60:16

369. **Mein Gott, wer kann nicht werden hinterfragt**
~ Referenz Daniel 4:35

370. Mein Gott, der Berge versetzt
~ Referenz Jesaja 41:17-21

371. Gott, aus der Ferne
~Jeremia 23:23

372. Der Gott wer ist nicht schämen zu werden genannt, mein Gott
~ Referenz Hebräer 11:16

373. Mein Gott, wer keinem nicht geben Seine Herrlichkeit zu anderen, noch Seinen Lob zu geschnitzten Bildern.
~Jesaja 42:8

374. Mein Gott, wessen Exzellenz ist über Israel
~Psalm 68:34

375. Mein Gott, wer tut Wunder
~Psalm 77:14

376. Mein Gott wer erklärt Seine Stärke unter Seinem Volk
~Psalm 77:14

377. **Mein Gott, wer kann tun mehr reichlich vor allem das ich bitten, oder verstehen, nach der Kraft die arbeitet in mir**
~Epheser 3:20

378. **Mein Gott, der entzieht die Rede von vertrauenswürdigen Beratern, und nimmt der Scharfsinn von den Ältesten**
~Hiob 12:20

379. **Mein Gott, der bewohnt dem Lobe Sein Volk**
~ Referenz Psalm 22:3

380. **Mein Gott, der läßt sich nicht spotten**
~Galater 6:7

381. **Mein Gott, wer frustriert der Zeichen der Lügner, und macht Wahrsager, verrückt**
~Jesaja 44:25

382. **Mein Gott, wer dreht der Weisen rückwärts, und macht ihr Wissen töricht**
~Jesaja 44:25

383. Mein Gott, wer tut als Er wählt, in den Himmeln und auf der Erde, in den Meeren und alle ihre Tiefen
~Psalm 135:6

384. Mein Herr auf Höhe, wer ist mächtiger als das Rauschen vieler Wasser, ja, als die mächtigen Wellen des Meeres
~Psalm 93:4

385. Mein Gott, der wirft die Toten
~2 Korinther 1:9

386. Mein Gott, der spricht vom Himmel
~Hebräer 12:25

387. Mein Gott, wer wird haben Barmherzigkeit auf wem Er wird haben Barmherzigkeit, und verhärten, wen Er wird zu härten
~Römer 9:18

388. Mein Herr, wer bringt den Ratschluß von die Heidin zu nichts
~Psalm 33:10

389. **Mein Gott, wer kann brechen die Hochmut von menschen, und machen ihr Himmel wie Eisen, und ihr Erde wie messing**
~Levitikus 26:19

390. **Mein Gott, wer macht die karge fruchtbar**
~ Referenz Genesis 21:1-2; 25:21; 30:22; Richter 13:2-3; 1 Samuel 1:19-20; Lukas 1:13

391. **Mein Herr, der ist würdig zu empfangen Herrlichkeit, und Ehre, und Macht**
~Offenbarung 4:11

392. **Mein Gott, wessen stärke ist in den wolken**
~Psalm 68:34

393. **Mein Gott, der macht die unfruchtbare Frau eine glückliche Mutter von Kindern, in sie Zuhause**
~Psalm 113:9

394. **Groß sind Ihre Taten, Herr: sie sind überlegte von allen, die freude in ihnen.**
~Psalm 111:2

395. Es ist kein Gott wie Ihnen, im Himmel oben, und auf Erde, unten.
~1 Koenige 8:23

396. Ihre Pläne kann nicht vereitelt.
~Hiob 42:2

397. Heil, und Herrlichkeit, und Ehre, und Macht gehören Ihnen.
~Offenbarung 19:1

398. Es ist nichts zu schwer für Sie.
~Jeremia 32:27

399. Ihr Name ist groß in Macht.
~Jeremia 10:6

400. Ihr Lob reicht bis zu den Enden der Erde.
~Psalm 48:10

401. Macht gehört zu Ihnen.
~Psalm 62:11

402. Mit Ihnen, wird kein ding unmöglich sein.
~Lukas 1:37

403. Ihr Ratschlag erträgt, und Sie tun alle Ihr Vergnügen.
~Jesaja 46:10

404. Ihr Weg ist in der Wirbelwind und dem Sturm, und die Wolken sind der Staub von Ihre Füßen.
~Nahum 1:3

405. Was Sie brechen, kann nicht wieder aufgebaut werden.
~Hiob 12:14

406. Ein mann, dass Sie einsperren, kann nicht freigegeben.
~Hiob 12:14

407. Niemand kann befreien aus Ihr Hand. Was Sie tun, niemand kann rückgängig machen.
~Jesaja 43:13

408. Ohne Ihnen, Ich kann nichts tun.
~Johannes 15:5

409. Durch Ihr Macht, die Mauern von Jericho fielen flach; bei der Klang der Trompete, und die lauten Schrei von Ihre Volkes.
~ Referenz Josua 6:6-20

410. Wer hat gemessen die wasser mit die hohlen von seinem Hand, und gemessen die Himmel mit der spannweite von seinem Hand?
~Jesaja 40:12

411. Wer hat den Staub der Erde in ein Maß gefaßt, und die Berge mit der Waage gewogen und die Hügel mit Waagschalen?
~Jesaja 40:12

412. Was Gott ist im Himmel und auf der Erde, wer kann tun nach Ihre Werken, und Ihre großen Taten?
~Deuternomium 3:24

413. Wer ist wie Ihnen, mein Herr, unter den göttern?
~Exodus 15:11

414. Alle Nationen sind wie nichts vor Ihnen; sie sind wie Nichtigkeit und Leere.
~Jesaja 40:17

415. Was Sie tun, ist immer: nichts kann werden hinzugefügt zu es, und nichts kann werden genommen von es.
~Prediger 3:14

416. Wer kann strecken, was Sie haben gemacht krumm?
~Prediger 7:13

417. Wenn es ist eine Frage der Kraft, Sie sind stark!
~Hiob 9:19

418. Wer ist wie Ihnen, in den Himmel, über?
~Psalm 89:6

419. Sie sind außerhalb mein Reichweite, und erhaben an Kraft.
~Hiob 37:23

420. Sie sind bekleidet mit Stärke.
~Psalm 93:1

421. Sie sind mächtig in Stärke.
~Hiob 9:4

422. Sie sind ausgezeichnet in arbeiten.
~Jesaja 28:29

423. Sie deklarieren das Ende von das Anfangs, und von den alten Zeiten die dinge, die sind noch nicht fertig.
~Jesaja 46:10

424. Sie zerstören die Weisheit der Weisen, und bringen zu nichts, das Verständnis für die umsichtige.
~1 Korinther 1:19

425. Sie durchkreuzen die pläne der Heidin.
~Psalm 33:10

426. Sie enttäuschen die geräte von der listigen, und ihre hände können nicht durchführen ihre pläne.
~Hiob 5:12

427. Sie brechen die ehernen Türen, und die eisernen riegel zerschmettern.
~Psalm 107:16

428. Sie ändern Zeiten und Jahreszeiten.
~Daniel 2:21

429. Sie machen kriege aufhört an das Ende der Erde.
~Psalm 46:9

430. Sie sind Jehova; Das ist Ihr Name.
~Jesaja 42:8

431. **Wer ist ein großer Gott wie Ihnen, Mein Gott?**
~Psalm 77:13

432. **Groß sind Sie, Herr, und mächtig in Macht!**
~Psalm 147:5

Der Unergründlich Gott

*Der Herr ist groß und sehr löblich, und seine Größe
ist unergründlich. ~ Psalm 145:3*

433.   Der unsichtbare Gott, wer
       manifestiert seine Macht und
       Erhabenheit für alle zu sehen
       ~ Referenz Exodus 7-12

434.   Mein Gott, wer tut große dinge, das
       kann nicht werden erforscht, und
       Wunder, das kann nicht werden
       gezählt
       ~Hiob 5:9

435.   Mein Gott, der da lebendig macht
       die Toten, und ruft dinge, die nicht,
       als wenn sie existieren
       ~Römer 4:17

436.   Mein Gott, wer beschleunigt alle
       dinge.
       ~1 Timotheus 6:13

437.   Gott Jakobs, der eingeschaltet den
       Felsen in einem stehenden
       Gewässer, und der Feuerstein zu
       einem Brunnen des Wassers
       ~Psalm 114:7-8

438. Mein Gott, der allein tut große
Wunder
~Psalm 136:4

439. Ihr Erhabenheit ist unergründlich.
~Psalm 145:3

440. Ihr verständnis ist unergründlich.
~Jesaja 40:28

441. Wie unergründlich sind Ihre Urteile,
und Ihre Wege!
~Römer 11:33

442. Wer, hat verstanden Ihr Geist, und
gegeben rat zu Ihnen, als Ihr
Berater?
~Jesaja 40:13

443. Wie Sie kontrolle die wolken und
machen Ihr Blitz, ist nicht bekannt.
~Hiob 37:15

444. Wie ich tun nicht wissen was ist
der Weg des Windes, noch wie die
gebeine sind bilden in der
Gebärmutter der Schwangeren, so,
ich weiß nicht Ihr Werk: Der Einer,
der macht alle.
~Prediger 11:5

445. Im das Meere ist Ihr Weg, und Ihre Pfade in großen Wassern, und Ihre Fußstapfen sind nicht bekannt.
~Psalm 77:19

446. Wer ist wie Ihnen Herr, die tut Wunder, immer!
~Exodus 15:11

447. Sie nicht schwach, und Sie nicht müde.
~Jesaja 40:28

448. Die Zahl Ihre Jahre ist unerforschlich.
~Hiob 36:26

449. Sie erhöhen die Armen aus dem Staube, und emporheben die Bedürftige aus dem Kot, dass Sie dürfen setze ihm mit Fürsten; mit die Fürsten seines Volkes.
~Psalm 113:7-8

450. Sie legen die Armen auf hoch aus trübsal, und machen ihn Familien wie eine Herde.
~Psalm 107:41

451. Sie legen Ewigkeit in den Herzen der Menschen, doch sie können nicht ergründen was Sie haben durchgeführt von Anfang bis das Ende.
~Prediger 3:11

452. Sie wählten die niederen dinge dieser Welt, und die verachteten sachen, und die dinge die sind nicht, zu annullieren die dinge, die sind, so dass niemand kann rühmen vor Ihnen.
~1 Korinther 1:28-29

453. Sie wählten das Törichte der Welt, das Sie kann legte die Weisen zu Schanden.
~1 Korinther 1:27

454. Sie wählten das Armen in die augen der Welt, zu sein reich in Glauben, und zu erben das Königreich welche Sie verheißen diejenigen die lieben Ihnen.
~Jakob 2:5

455. Sie wählten das Schwache der Welt, das Sie kann legte die starke zu Schanden.
~1 Korinther 1:27

456. Sie ausführen Zeichen und Wunder tut im Himmel und auf der Erde.
~Daniel 6:27

457. Sie gehalten das Volk Israel für vierzig Jahre in der Wüste; ihre kleider waren nicht zerlumpt auf ihnen, und ihre sandalen waren nicht zerlumpt.
~Deuternomium 29:5

458. Wie Großen Sie sind, Gott, über mein Verständnis!
~Hiob 36:26

Der Allwissende, und allein Weisen Gott

"Ich lobe den HERRN, der mir geraten hat".
~ Psalm 16:7

459. **Der allein Weisen Gott**
~1 Timotheus 1:17

460. **Der Herr, mein Gott, der führt mich, durch die Wege, dass ich sollte gehen**
~Jesaja 48:17

461. **Der Herr mein Gott, wer lehrt mich, zu profitieren**
~Jesaja 48:17

462. **Mein Gott, der wägt die Herzen**
~Sprüche 21:2

463. **Mein Herr, wer kennt die Tage derer, die rechtschaffen sind**
~Psalm 37:18

464. **Mein Herr, wer kennt den Weg der Gerechten**
~Psalm 1:6

465. Mein Gott, wer macht bekannt zu
     Mann, was ist sein gedanke
     ~Amos 4:13

466. Mein Herr, wer gibt mir Ratschlag
     ~ Referenz Psalm 16:7

467. Mein Herr, wer sucht alle Herzen,
     und kennt jeden Phantasie der
     Gedanken
     ~1 Chronik 28:9

468. Mein Herr, wer gibt Weisheit; aus
     seinem Munde kommen Erkenntnis
     und Verständnis
     ~Sprüche 2:6

469. Mein Herr, wer hält solide Klugheit
     für die Aufrichtigen
     ~Sprüche 2:7

470. Mein Herr, wer ist ein Gott des
     Wissens; von ihm werden
     Handlungen gewogen
     ~1 Samuel 2:3

471. Mein Vater, der im Verborgenen
     sieht
     ~Matthäus 6:4

472. Mein Gott im Himmel, der Geheimnisse offenbart

~Daniel 2:28

473. Kein Geschöpf ist vor Ihnen unsichtbar.

~Hebräer 4:13

474. Alle dinge sind nackt und legte kahl bevor Ihre Augen.

~Hebräer 4:13

475. Tod ist nackt vor Ihnen; zerstörung wird aufgedeckt zu Ihnen.

~Hiob 26:6

476. Unter allen die weisen der Nationen und in allen ihren Königreichen, Gibt es niemanden wie Ihnen.

~Jeremia 10:7

477. Mit Ihnen, sind Weisheit und Macht.

~Hiob 12:13

478. Ratschlag und Verständnis sind Ihres.

~Hiob 12:13

479. Ihr Verständnis hat keine grenze.
~*Psalm 147:5*

480. Sie respektieren nicht, die Weisen in Herz.
~*Hiob 37:24*

481. Ihre Augen sind überall, zu suchen an das Böse und das Gute.
~*Sprüche 15:3*

482. Mann kann nicht geben Ihnen Wissen, weil beurteilen Sie sogar die höchsten.
~*Hiob 21:22*

483. Dunkelheit verbirgt nicht von Ihnen, aber die Nacht leuchtete wie der Tag; Dunkelheit und Licht sind beide gleich zu Ihnen.
~*Psalm 139:12*

484. Meine Gedanken sind nicht Ihre Gedanken, und Ihre Wege sind nicht meine Wege.
~*Jesaja 55:8*

485. Ihr Ratschluß besteht ewiglich: die Gedanken von Ihre Herzen zu alle Generationen.
~*Psalm 33:11*

486. Die geheimen Dinge gehören zu Ihnen, Herr.
~Deuternomium 29:29

487. Sie offenbaren tiefen dinge aus der Finsternis; Sie bringen der Schatten des Todes an Licht.
~Hiob 12:22

488. Sie wissen diejenigen das Vertrauen in Ihnen.
~Nahum 1:7

489. Sie wissen was ist in Finsternis, und Licht wohnt mit Ihnen.
~Daniel 2:22

490. Sie beobachten die Söhne der Menschen; Ihre Augen begutachten ihnen.
~Psalm 11:4

491. Sie sehen; nicht als Mann sieht.
~1 Samuel 16:7

492. Sie sind wunderbar in beratung.
~Jesaja 28:29

493. Sie geben weisheit zu der weise, und verständnis zu diejenigen wen wahrnehmen.
~Daniel 2:21

494. Sie sind weise in Herzen.
~Hiob 9:4

495. Sie führen die Sanftmütigen in was ist richtig, und lehren sie Ihr Weg.
~Psalm 25:9

496. Sie kennen die Geheimnisse des Herzens.
~Psalm 44:21

497. Sie anweisen der Mann wer fürchtet Ihnen, in der Weg dass er sollten wählen.
~Psalm 25:12

498. Sie sind perfekt in Wissen.
~Hiob 37:16

Teil Sieben

Die Liebe
und
Vorsehung
Gottes

Abba, Vater

Sehet, welch eine Liebe uns der Vater gegeben hat,
daß wir Kinder Gottes heißen sollen.
~ 1 Johannes 3:1

499.   Mein Vater
~Matthäus 6:9

500.   Der Vater der Herrlichkeit
~Epheser 1:17

501.   Der lebendige Vater
~Johannes 6:57

502.   Gerechter Vater
~Johannes 17:25

503.   Der Vater der Geister
~Hebräer 12:9

504.   Vater der Ewigkeit
~Jesaja 9:6

505.   Der Vater der Waisen
~Psalm 68:5

506.   Vater meiner Herr Jesus Christus
~Epheser 1:3

507. **Der Vater der Barmherzigkeit**
~2 Korinther 1:3

508. **Einer Gott, und Vater aller, wer ist über alle, und durch alle, und in allen**
~Epheser 4:6

509. **Einer Gott, der Vater, aus wen alle dinge kamen, und für wen ich lebe**
~1 Korinther 8:6

510. **Mein Vater, der mich qualifiziert hat, um in dem Erbteil der Heiligen zu teilen, in das Reich des Lichtes**
~Kolosser 1:12

511. **Mein Vater, wer hat mich gekauft**
~Deuternomium 32:6

512. **Mein Vater, der ist in den Himmeln, wer wird geben gutes dinge zu denen die bitten Ihn**
~Matthäus 7:11

513. **Wie ein Vater bemitleidet seine Kinder, so Sie bemitleiden diejenigen wer fürchten Ihnen.**
~Psalm 103:13

514.   Abba, Vater!
-Romer 8:15

Das Unaussprechliche Gabe

*Gott aber sei Dank, der uns den Sieg gibt durch
unseren Herr Jesus Christus! ~ 1 Korinther 15:57*

515.   Der Anfang
~Kolosser 1:18

516.   Der Christus Gottes
~Lukas 9:20

517.   Jesus Christus, mein Herr
~Römer 6:23

518.   Das Brot des Lebens
~Johannes 6:35

**519.   Das Brot Gottes, welcher kam nach
           unten aus Himmel, und gab leben
           zu der Welt**
   ~Johannes 6:33

520.   Der starker Gott
~Jesaja 9:6

521.   Eine Krone der Herrlichkeit
~Jesaja 28:5

522.   Eine Diadem der Schönheit
~Jesaja 28:5

523. Der Aufgang, von auf Hohe
~Lukas 1:78

524. Der Anfänger und Vollender mein Glaube
~Hebräer 12:2

525. Der König der Juden
~Markieren 15:2, Matthäus 2:2

526. Der Erben aller Dinge
~Hebräer 1:2

527. Jesus Christus, der Gerechten
~1 Johannes 2:1

528. Jesus, der Nazaräer
~Apostelgeschichte 22:8

529. Sohn der höchste
~Lukas 1:32

530. Ein Nagel in einem zuverlässig Ort
~Jesaja 22:23

531. Der Vorläufer
~Hebräer 6:20

532. Ein Bund für mir
~Jesaja 42:6

533. Christus, wer ist alles, in allen
~Kolosser 3:11

534. Der Herr, sowohl der Toten und der lebenden
~Römer 14:9

535. Derjenige, reinigt und verfeinert Silber
~Maleachi 3:3

536. Der Heilig Eine Gottes
~Markieren 1:24

537. Der Geliebter Sohn Gottes
~Matthäus 3:17

538. Wunderbarer
~Jesaja 9:6

539. Der Erstgeborene von die Toten
~Offenbarung 1:5

540. Das Bild des unsichtbaren Gottes
~Kolosser 1:15

541. Schilo
~Genesis 49:10

542. Der Sohn des Menschen
~Markieren 14:62

543. **Der Sohn der Leben Gott**
~Johannes 6:69

544. **Der Sohn Davids**
~Matthäus 1:1

545. **Der Sohn Abrahams**
~Matthäus 1:1

546. **Der Sohn des Segnete Eine**
~Markieren 14:61

547. **Der Anfang der Schöpfung Gottes**
~Offenbarung 3:14

548. **Der Eingeborene Sohn Gottes**
~Johannes 3:16

549. **Eine Pflanze des Ruhms**
~Hesekiel 34:29

550. **Das Unaussprechliche Gabe Gottes**
~2 Korinther 9:15

551. **Der Mittler die neuen Bündnis**
~Hebräer 12:24

552. **Ein Rute aus dem Stumpf Isais**
~Jesaja 11:1

553. Der Löwe, der aus dem Stamme Juda
~Offenbarung 5:5

554. Das Weisheit Gottes
~1 Korinther 1:24

555. Das Kraft Gottes
~1 Korinther 1:24

556. Das Wort Gottes
~Offenbarung 19:13

557. Das Bürgschaft von eines besseren Bundes
~Hebräer 7:22

558. Der Licht der Welt
~Johannes 8:12

559. Die Auferstehung und das Leben
~Johannes 11:25

560. Der wahre Weinstock
~Johannes 15:1

561. Der Urheber des Lebens
~Apostelgeschichte 3:15

562. Der Lamm ohne Fehl und ohne Flecken
~1 Petrus 1:19

563. Die Wurzel und die Nachkommen von David
~Offenbarung 22:16

564. Ein Licht auf erleuchten die Heiden
~Lukas 2:32

565. Den Trost Israel
~Lukas 2:25

566. Der Treuen Zeuge
~Offenbarung 1:5

567. Das Leuchten der Herrlichkeit Gottes
~Hebräer 1:3

568. Emmanuel - Gott, mit mir
~Matthäus 1:23

569. Einer Mittler zwischen Gott und Menschen
~1 Timotheus 2:5

570. Rabboni - Master
~Johannes 20:16

571. **Der Rose von Saron**
~Hohelied 2:1

572. **Ein Horn des Heils im Haus von David**
~Lukas 1:69

573. **Wasserbäche in einem trockenen bereich**
~Jesaja 32:2

574. **Die Lilie der Täler**
~Hohelied 2:1

575. **Einen Fürsprecher bei dem Vater**
~1 Johannes 2:1

576. **Der glänzende und Morgenstern**
~Offenbarung 22:16

577. **Der Prophet, der von Nazareth in Galiläa**
~Matthäus 21:11

578. **Jesus Christus, derselbe gestern und heute und in Ewigkeit**
~Hebräer 13:8

579. **Der selige und alleinige Machthaber**
~1 Timotheus 6:15

580. **Herr des Sabbaths**
~Matthäus 12:8

581. **Die Wurzel Isais**
~Römer 15:12

582. **Ein Stern aus Jakob**
~Numeri 24:17

583. **Einen gerechten Sproß**
~Jeremia 23:5

584. **Das Ersehnte aller Nationen**
~Haggai 2:7

585. **Die Hoffnung der Herrlichkeit**
~Kolosser 1:27

586. **Der Amen**
~Offenbarung 3:14

587. **Lehrer**
~Johannes 13:13

588. **Der Zweite Mensch von Himmel**
~1 Korinther 15:47

589. **Der Ratgeber**
~Jesaja 9:6

590. Jesus Christus mein Heiland, der mit Heiligem Geiste tauft
~Johannes 1:33

591. Christus, derjenige der versöhnt
~ Referenz Kolosser 1:19-23

592. Christus, wer mich kräftigt; durch wen ich tun kann, alle dinge.
~Philipper 4:13

593. Christus, das Haupt jedes Fürstentums und Macht
~Kolosser 2:10

594. Der Letzte Adam, wer wurde einer Leben spendenden Geist.
~1 Korinther 15:45

595. Das lebendige Brot, das aus dem Himmel herniedergekommen ist
~Johannes 6:51

596. Das Wort, die war gemacht Fleisch
~Johannes 1:14

597. Die genaue Darstellung von Gottes Wesen
~Hebräer 1:3

598. Ein Prinz, und ein Heiland
~Apostelgeschichte 5:31

599. Ein Hoherpriester, gemacht höher als die Himmel
~Hebräer 7:26

600. Ein Hohepriester, der ist in der Lage, sympathisieren mit meinen Schwächen, wer war versucht in jeder Weise wie ich bin, aber hatte keine Sünde
~Hebräer 4:15

601. Ein großen Hohenpriester, der durch die Himmel gegangen ist
~Hebräer 4:14

602. Der Sohn Mann wer kam zu erretten das Verlorene
~Matthäus 18:11

603. Mein Herr, wessen Name ist über jedem anderen name
~Philipper 2:9

604. Christus, wem Gott gesandt
~Johannes 3:34

605. Ein Herr, Jesus Christus, durch welchen alle dinge sind, und durch wem ich lebe
~1 Korinther 8:6

606. Christus, wem Gott verordnete zu Richter der Lebendigen und der Toten
~Apostelgeschichte 10:42

607. Christus, in wen alle das Schätze von Weisheit und Erkenntnis, sind verborgen
~Kolosser 2:2-3

608. Christus, der war in Schwachheit gekreuzigt, noch lebt er doch durch Gottes Kraft
~2 Korinther 13:4

609. Mein Friede
~Epheser 2:14

610. Mein Rechtschaffenheit
~1 Korinther 1:30

611. Mein Heiligmachung
~1 Korinther 1:30

612. Mein Erlösung
~1 Korinther 1:30

143

613. **Mein Weisheit**
~1 Korinther 1:30

614. **Mein Heiland, wer kam in der Name des Herrn**
~Matthäus 21:9

615. **Mein Herr, der Ihm treu war, dass ernannte Ihn**
~Hebräer 3:2

616. **Mein Gott, wer lebt, und tot war**
~Offenbarung 1:18

617. **Mein Gott, für wem sind alle Dinge, und durch den alle Dinge sind**
~Hebräer 2:10

618. **Mein Gott, wer soll kommen**
~Hebräer 10:37

619. **Mein Heiland, wer wird nicht vorwerfen mir vor dem Vater**
~Johannes 5:45

620. **Mein Heiland, wer wird nicht austreiben denen die zu ihm kommen**
~Johannes 6:37

621. **Mein Herr, der weiß alles**
~Johannes 21:17

622. **Alle der Verheißungen Gottes in Ihnen sind das Ja, und in Ihnen, das Amen.**
~2 Korinther 1:20

623. **Ihr Joch ist mühelos, und Ihr Belastung ist leicht.**
~Matthäus 11:30

624. **In Ihnen, wohnte die Fülle der Gottheit, leibhaftig.**
~Kolosser 2:9

625. **Durch Ihr Rechtschaffenheit, kam das Geschenk an alle Männer, die Rechtfertigung des Lebens.**
~Römer 5:18

626. **Durch Ihr Gehorsam, viele sind Gerechten gemacht.**
~Römer 5:19

627. **In Ihnen, ich habe Mut und Zugang zu Gott, mit Zuversicht.**
~Epheser 3:12

628. Gnade und Wahrheit kam durch Ihnen.
~*Johannes 1:17*

629. So wahr Sie lebe, jedes Knie soll beugen, und jede Zunge soll Gott bekennen.
~*Römer 14:11*

630. An Ihr Name, jedes Knie soll beuge, der Himmlischen und Irdischen und Unterirdischen.
~*Philipper 2:10*

631. Niemand kennt den Vater, außer Sie, und diejenigen, Sie offenbaren Ihn, zu.
~*Matthäus 11:27*

632. Sie geben Ruhe zu alle die kommen zu Ihnen, wer sind müde und belastet.
~*Matthäus 11:28*

633. Sie haben die Schlüssel des Todes und des Hades.
~*Offenbarung 1:18*

634. Ihr Reich wird kein Ende sein.
~*Lukas 1:33*

635. Durch Ihnen, alle dinge wurden gemacht; ohne Ihnen, nichts war gemacht, dass war gemacht.
~Johannes 1:3

636. Von Ihr Fülle, ich haben empfangen, und Gnade auf Gnade.
~Johannes 1:16

637. Sie sind besser als die Engel.
~Hebräer 1:4

638. Sie machen Fürbitte für mir.
~Römer 8:34

639. Sie, der wusste von keine Sünde, sondern wurde gemacht zur werden Sünde für mir.
~2 Korinther 5:21

640. Der Unschuldig Einer
~Hebräer 7:26

641. Der Unbefleckt Einer
~Hebräer 7:26

642. Der Sanftmütig und Demütig Einer
~Matthäus 11:29

643. Sie sind mit mir immer, bis zur Vollendung des Zeitalters.
~Matthäus 28:20

644. Sie geben Ihren Frieden zu mir; Nicht wie die Welt gibt, tun Sie geben.
~Johannes 14:27

645. Sie halten der Schlüssel Davids. Was Sie öffnen, niemand kann schließen; was Sie schließen, niemand kann öffnen.
~Offenbarung 3:7

646. Sie sitzen am zur Rechten, zu des Thrones der Majestät in den Himmeln.
~Hebräer 8:1

647. Sie haben Machtvollkommenheit im Himmel und auf Erden.
~Matthäus 28:18

648. Sie sind ganz und gar Lieblich!
~Hohelied 5:16

649. Gott über alles!
~Römer 9:5

Der Erlöser

Denn Gott hat nicht berufen uns zu Zorn, sondern zu
Seligkeit, durch unseren Herr Jesus Christus.
~ 1 Thessalonicher 5:9

650. **Der Messias**
~Johannes 1:41

651. **Der Sühnung für meine Sünden**
~1 Johannes 2:2

652. **Das Lamm, das wurde erschlagen,**
vom der fundament der Welt
~Offenbarung 13:8

653. **Das Lamm die war geschlachtet, zu**
empfangen die Macht, und
Reichtum, und Weisheit, und
Stärke, und Ehre, und Herrlichkeit,
und Segnung
~Offenbarung 5:12

654. **Der Lamm Gottes, welches die**
Sünde der Welt wegnahm
~Johannes 1:29

655. **Christus, mein Passah, wer war**
geschlachtet für mir
~1 Korinther 5:7

656. Mein Heiland, wer errettet mich, und rief mich mit einem heiligem Berufung
~2 Timotheus 1:9

657. Mein Heiland, welcher will, daß alle Menschen werden errettet, und zu kommen zu die Erkenntnis der Wahrheit
~1 Timotheus 2:4

658. Mein Heiland, Jesus Christus, wer zunichte Tod
~2 Timotheus 1:10

659. Mein Heiland, Jesus Christus, wer Leben und Unverweslichkeit ans Licht gebracht hat durch das Evangelium
~2 Timotheus 1:10

660. Mein Heiland, Jesus Christus, der gab sich selbst für meine Sünden, dass Er kann erlösen mich aus dem bösen von dieser gegenwärtigen Welt, nach dem Willen Gottes, mein Vater
~Galater 1:4

661. Mein Heiland, Jesus Christus, der ist in der Lage zu retten vollständig, diejenigen die nähern Gott durch Ihn, denn Er immer lebt um fürsprache für sie
~Hebräer 7:25

662. Jesus Mein Herr, wer wurde lieferte für meine Übertretungen, und wurde auferweckt wieder, für mein Rechtfertigung
~Römer 4:25

663. In Ihnen ich haben die Erlösung, durch Ihr Blut; auch die Vergebung der Sünden.
~Kolosser 1:14

664. Mein Heiland, Jesus Christus, wer errettet mich von das zorn zu kommen
~1 Thessalonicher 1:10

665. Sie wurden geschlachtet, und mit Ihr Blut, Sie erworben Menschen für Gott, von jedem Stamm, und Sprache, und Volk, und Nation.
~Offenbarung 5:9

666. Sie bot ein einziges Opfer für die Sünden, für immer.
~Hebräer 10:12

667. Der Heiland der Welt
~1 Johannes 4:14

Das Verheißung der Vater

"Und wenn derselbe kommt, wird er die Welt strafen um die Sünde und um die Gerechtigkeit und um das Gericht" ~ Johannes 16:8

668. **Der Heilige Geist**
~Johannes 14:26

669. **Der Geist Gottes**
~Jesaja 11:2

670. **Heiligen Geiste der Verheißung**
~Epheser 1:13

671. **Der Geist Gottes, die wohnenden in mich**
~Römer 8:11

672. **Der Geist der Ratschlag**
~Jesaja 11:2

673. **Der Geist der Macht**
~Jesaja 11:2

674. **Der Geist der Erkenntnis**
~Jesaja 11:2

675. **Der Geist der Weisheit**
~Jesaja 11:2

676. **Der Geist der Verständnis**
~Jesaja 11:2

677. **Der Geist der Offenbarung**
~Epheser 1:17

678. **Der Geist die Furcht der Herr**
~Jesaja 11:2

679. **Der Geist der Gnade**
~Sacharja 12:10

680. **Der Geist der Gebet**
~Sacharja 12:10

681. **Der Geist von Heiligkeit**
~Römer 1:4

682. **Der Geist der Leben**
~Römer 8:2

683. **Der Geist der Wahrheit**
~Johannes 16:13

684. **Der Geist der Sohnschaft**
~Römer 8:15

685. **Mein Tröster**
~Johannes 14:26

686. **Die Verheißung des Vaters**
~Apostelgeschichte 1:4

687. **Der Ewigen Geist**
~Hebräer 9:14

688. **Die Freudenöl**
~Hebräer 1:9

689. **Das Unterpfand meines Erbes**
~Epheser 1:14

690. **Der Geist der Herrlichkeit**
~1 Petrus 4:14

691. **Die Geist der brennend**
~Jesaja 4:4

692. **Ein Zeuge zu mir**
~Hebräer 10:15

693. **Mein Gefährte**
~ Referenz Johannes 14:16-17; 1 Johannes 3:24

694. **Der Geist, der mir hilft, in mein Schwachheit**
~Römer 8:26

695. Der Geist, der in mir wohnt mit Neid
~Jakob 4:5

696. Der Geist, die macht Fürbitte für mir in gebet mit seufzern dass Worte kann nicht ausdrücken
~Römer 8:26

697. Der Ein, wer ist in mir, wer größer ist als der, welcher in der Welt ist
~1 Johannes 4:4

698. Sie lehren mich alle dinge, und bringen zu mein Erinnerung, alles das Jesus Christus hat gesagt.
~Johannes 14:26

Liebhaber der Seelen

Größere Liebe hat niemand als die, dass ein Mann festgelegt sein Leben für seine Freunde.
~ Johannes 15:13

699.   Der Hirten und Bischof mein Seele
~1 Petrus 2:25

700.   Der Kapitän meiner Heils
~Hebräer 2:10

701.   Jehova Mekaddesh - Der Herr wer heiligt mich
~Exodus 31:13

702.   Ein Mann der Schmerzen, und Leiden mit vertraut
~Jesaja 53:3

703.   Der Urheber ewigen Heils, zu alle das gehorchen Ihn
~Hebräer 5:9

704.   Der Einer, die rechtfertigt derjenigen die haben Glauben an Jesus.
~Römer 3:26

705.   Mein Gott, der bewahrt mein Seele
~Sprüche 24:12

706. Mein Gott, der gibt mir den Sieg, durch mein Herr Jesus Christus
~1 Korinther 15:57

707. Mein Gott, der ist in der Lage zu bewahren mich vom Straucheln
~Judas 1:24

708. Mein Herr, wer nimmt Freude in Seine volkes
~Psalm 149:4

709. Mein Gott, wer weiß wie zu halten die Gottseligen aus der Versuchung, und hält die Ungerechten bis zu der Tag von Urteil, um werden bestraft
~2 Petrus 2:9

710. Mein Gott, der stärkt mir, in Christus
~2 Korinther 1:21

711. Mein Gott, wer ist in der Lage, mich zu präsentieren tadellos vor das Angesicht seiner Herrlichkeit, mit so viel Freude
~Judas 1:24

712. Mein Gott, wer angerufen mich, um Seine ewige Herrlichkeit, durch Jesus Christus

~1 Petrus 5:10

713. Mein Gott, der mir versiegelt hat

~2 Korinther 1:22

714. Mein Gott, durch wem ich wurde berufen, in die Gemeinschaft von Seines Sohnes Jesus Christus

~1 Korinther 1:9

715. Jesus Christus, mein Heiland, der so großen Widerspruch von den Sündern gegen sich erduldet hat

~Hebräer 12:3

716. Mein Gott, wer immer macht mich zu triumphieren in Christus

~2 Korinther 2:14

717. Jesus Christus, mein Heiland, der liebt mich, und wusch mich von meinen Sünden in seinem eigenen Blut

~Offenbarung 1:5

718. Mein Gott, wer offenbart den duft
Seiner Erkenntnis an jedem Ort,
durch mir
~2 Korinther 2:14

719. Mein Gott, der geschont nicht
Seines eigenen Sohnes, aber
hingegeben Ihn für mir
~Römer 8:32

720. Mein Gott, der mir berufen hat aus
der Finsternis zu Seinem
wunderbaren Licht
~1 Petrus 2:9

721. Mein Herr, wer die Vertriebenen
Israels versammelten
~Jesaja 56:8

722. Jesus Christus, mein Heiland, wer
wurde ein Fluch für mich, denn es
steht geschrieben: "Verflucht ist
jeder, der hängt an einem Baum."
~Galater 3:13

723. Mein Gott, der geliefert mir aus der
Gewalt der finsternis und versetzt
mir in das Reich des Seiner liebe
Sohnes
~Kolosser 1:13

724. **Jesus Christus, mein Heiland, der meine Sünden in seinem Körper auf dem Baum hatte, so dass ich vielleicht zu Sünden sterben und für Gerechtigkeit leben**
~1 Petrus 2:24

725. **Sie erlösen die Seelen von Ihre Knechte, und alle wer trauen in Ihnen wird nicht werden wüst.**
~Psalm 34:22

Das Fels und fest Fundament

Für andere Fundament kann niemand legen als das,
was gelegt wird, die Jesus Christus ist.
~ 1 Korinther 3:11

726.   Der Fels
~Deuternomium 32:4

727.   Der Fels meiner Zuflucht
~ Referenz Psalm 94:22

728.   Der Fels, daß mir zeugte
~Deuternomium 32:18

729.   Der Fels meiner Stärke
~ Referenz Jesaja 17:10

730.   Mein Fels und mein Burg
~ Referenz Psalm 71:3

731.   Mein Fels und mein Rettung
~Psalm 62:2

732.   Mein Starker Fels
~Psalm 31:2

733.   Der Fels meiner Heils
~Psalm 95:1

734. Der Fels, Ewigen
~Jesaja 26:4

735. Der Fels der Israel
~2 Samuel 23:3

736. Der geistlichen Fels
~1 Korinther 10:4

737. Das Fundament, die ist gelegt
~1 Korinther 3:11

738. Ein sicheres Gründung
~Jesaja 28:16

739. Ein bewährten Stein
~Jesaja 28:16

740. Ein kostbaren Eckstein
~Jesaja 28:16

741. Der Chef Eckstein
~Epheser 2:20

742. Ein Lebendigen Stein
~1 Petrus 2:4

743. Ein Anstoßes Stein, und ein Fels des Ärgernisses
~1 Petrus 2:8

Haupt der Kirche

"Ich bin der gute Hirte; der gute Hirte läßt sein Leben für die Schafe". ~ Johannes 10:11

744. Der großen Hirten der Schafe
~Hebräer 13:20

745. Der Hoherpriester über das Haus Gottes
~Hebräer 10:21

746. Der Chef Hirte
~1 Petrus 5:4

747. Die Tür der Schafe
~Johannes 10:7

748. Das Haupt des Leibes - der Kirche
~Kolosser 1:18

749. Ein Priester in Ewigkeit nach der Ordnung Melchisedeks
~Hebräer 7:17

750. Der Erstgeborene über alle Schöpfung
~Kolosser 1:15

751. **Der Erstgeborene unter vielen Brüdern**
~Römer 8:29

752. **Der Bräutigam**
~Matthäus 25:1

753. **Der Hirte Israels**
~Psalm 80:1

754. **Das Haupt eines jeden Mannes**
~1 Korinther 11:3

755. **Der Sohn, über das Haus Gottes**
~Hebräer 3:6

756. **Der Minister des Heiligtums und der wahren Stiftshütte, welche der Herr errichtet, und nicht Mensch**
~Hebräer 8:2

757. **Der gute Hirte, der gelegt nach unten Sein Leben für Seine Schafe**
~Johannes 10:11

758. **Ein Hoherpriester, wer war nicht machte nach dem Gesetz eines fleischlichen Gebots, sondern nach der Kraft eines endloses Lebens**
~Hebräer 7:16

759. Der Treuen Hoherpriester
~Hebräer 2:17

760. Ein Barmherziger Hoherpriester
~Hebräer 2:17

761. Mein Herr, der die sieben Sterne in seiner Rechten hand hält
~Offenbarung 2:1

762. Mein Herr, der da wandelt inmitten der sieben goldenen Leuchter
~Offenbarung 2:1

763. Christus, wer geliebt die Kirche, und gab Sich für sie
~Epheser 5:25

764. Sie geben Ihre Schafen, Ewige Leben.
~Johannes 10:28

Der Barmherzige Gott

Er behält seinen Zorn nicht auf immer, denn Er hat
Gefallen an Barmherzigkeit. ~ Mica 7:18

765. Barmherziger Gott
~Deuternomium 4:31

766. Mein Gott, der zeigt barmherzigkeit
~Römer 9:16

767. Mein Gott, wer hält zurück, auf senden Kalamität
~Jona 4:2

768. Mein Gott, wer ist bereit zu verzeihen, gnädig und barmherzig, langsam zum Zorn, und von großer Güte
~Nehemia 9:17

769. Mein Gott, der tilgt meine Übertretungen für Seiner eigene Willen, und erinnert meine Sünden, nicht mehr
~Jesaja 43:25

770. Mein Gott, wer ist treu und gerecht, zu vergibt meine sünden, und reinigt mir von aller Ungerechtigkeit
~1 Johannes 1:9

771. Mein Gott, wer tut nicht behandeln mich als meine Sünden verdienen, oder vergelten mich nach meine Übeltaten
~Psalm 103:10

772. Mein Gott, der tut nicht behalten Sein Zorn auf immer, denn Er hat Gefallen an Barmherzigkeit
~Mica 7:18

773. Mein Gott, der reich ist an Barmherzigkeit
~Epheser 2:4

774. Ihre Ausschreibung Gnaden sind alle über Ihre Werke.
~Psalm 145:9

775. Alle Ihre Pfade sind Barmherzigkeit und Wahrheit, zu diejenigen die bewahren Ihre Bund und Zeugnisse.
~Psalm 25:10

776. Wer ist ein Gott wie Sie, der die Ungerechtigkeit vergibt, und die Übertretung des Überrestes seines Erbteils übersieht?
~Mica 7:18

777. Ihre Augen sind auf diejenigen die fürchten Ihnen, und diejenigen die hoffen in Ihr Barmherzigkeit; um liefern ihre seelen vom Tode, und zu halten sie lebendig in Hungersnot.
~Psalm 33:18-19

778. Sie sind langsam zum Zorn, und groß an Güte.
~Psalm 145:8

779. Sie sind gut und bereit zu vergeben; reichlich in barmherzigkeit, zu diejenigen die rufen auf Ihnen.
~Psalm 86:5

Gott der Liebe und Mitgefühl

Denn Ihr Güte ist besser als Leben; meine Lippen werden Ihnen rühmen. ~ Psalm 63:3

780.   Mein Groß Freude
~ Referenz Psalm 43:4

781.   Mein Vertrauensperson
~ Referenz Psalm 118:8

782.   Ein Treuen Freund wer liebt mich mehr als ein Bruder tut
~Sprüche 18:24

783.   Mein Gott, der ist Gnädig und barmherzig
~Psalm 145:8

784.   Ihre Barmherzigkeit haben kein ende, sie sind neu jeden morgen.
~Klagelieder 3:22-23

785.   Mein Gott, wer demütigt Sich Selbst, zu erblicken die dinge im Himmel und auf Erden
~Psalm 113:6

786. **Mein Gott, der tröstet mir in alle meine Trübsal, so daß ich kann trösten diejenigen die sind in allerlei Trübsal, mit dem Trost dass ich empfangen von Ihm**
~2 Korinther 1:4

787. **Mein Gott, dessen Antlitz erblickt das aufrecht**
~Psalm 11:7

788. **Mein Gott, wer tröstet diejenigen die sind niedergeschlagen**
~2 Korinther 7:6

789. **Mein Herr, wer hat kein Vergnügen in der Tode des Gottlosen, aber daß des Gottlosen umkehre von seinem Wege und lebe**
~Hesekiel 33:11

790. **Mein Herr, wer Kronen mich mit Güte und Mitgefühl**
~ Referenz Psalm 103:4

791. **Mein Heiland, der ging über tat Gutes**
~ Referenz Apostelgeschichte 10:38

792. **Mein Gott, wer gibt mir Freude**
~ Referenz Johannes 16:24

793. Mein Gott, der verteidigt das ursache von die Bedrängten, und die Rechte der Armen
~Psalm 140:12

794. Mein Herr, wer züchtigt denen die er liebt,; und geißelt jeden Sohn, die Er erhält
~Hebräer 12:6

795. Obwohl, Sie sind auf hohe, Sie betrachten die Niedrigen; aber die Hochmütigen, Sie kennen von ferne.
~Psalm 138:6

796. Groß ist Ihr Liebe zu mir.
~Psalm 117:2

797. Mit Ihnen ist unendliche Liebe, und mit Ihnen ist voll Erlösung.
~Psalm 130:7

798. Ihr liebende Güte ist ausgezeichnet. Menschenkinder nehmen zuflucht unter dem Schatten von Ihre Flügel.
~Psalm 36:7

799. Ihr Zorn ist für einen Augenblick.
~Psalm 30:5

800.   Ihr Güte ist von Ewigkeit zu
       Ewigkeit über denen, die fürchten
       Ihnen, und Ihr Gerechtigkeit mit
       ihren Kindeskindern.
       ~Psalm 103:17

801.   In Ihr Gegenwart ist Fülle von
       Freuden.
       ~Psalm 16:11

802.   In Ihr Rechten Hand ist pläsier für
       immer.
       ~Psalm 16:11

803.   Ihr Liebe erstreckt zu der Himmel.
       ~Psalm 36:5

804.   Ihr Gnade bringt Heil.
       ~Titus 2:11

805.   Ihre Gedanken sind Gedanken des
       Friedens für mir, und nicht des
       Leides, um mir eine erwartete
       Ende.
       ~Jeremia 29:11

806. **Groß ist Ihr Güte, welche Sie haben aufbewahrt für diejenigen wer fürchten Ihnen; welche Sie haben gewirkt für sie, die trauen in Ihnen bevor der Menschenkinder.**
~Psalm 31:19

807. **Sie sind Liebe.**
~1 Johannes 4:16

808. **Sie wohnen in einem hohen und heiligen Platz, und auch mit denjenigen, wer sind zerschlagenen und niedrigen im Geistes, um beleben den Geist der niedrigen und das Herz der zerschlagenen.**
~Jesaja 57:15

809. **Sie sind nahe zu denjenigen die sind zerbrochenen Herzens; Sie retten denjenigen wer sind zerschlagenen im Geistes.**
~Psalm 34:18

810. **Sie schutz die simpel.**
~Psalm 116:6

811. Sie legen gefangene frei, zu fröhlichkeit, aber Sie machen die rebellischen leben in der Dürre.
~Psalm 68:6

812. Sie liebe den gerechten, und wird nicht verlassen Ihre gläubigen diejenigen.
~Psalm 37:28

813. Sie emporheben die Niedrigen.
~Hiob 5:11

814. Sie emporheben diejenigen die trauern zu Sicherheit.
~Hiob 5:11

815. Sie wählen um haben Mitleid auf wem Sie wird haben Mitgefühl.
~Exodus 33:19

816. Sie tun nicht verachten noch verabscheuen das Elend des Elenden.
~Psalm 22:24

817. Sie tun nicht verbergen Ihr Gesicht, wenn die Bedrängten weinen für helfen.
~Psalm 22:24

818. Sie wird nicht immer hadern, noch halten Ihr Wut für immer.
~Psalm 103:9

819. Sie sind gnädig.
~Exodus 22:27

820. Sie wissen jenen wer lieben Ihnen.
~1 Korinther 8:3

821. Ihr Geheimnis ist mit denen die fürchten Ihnen; Sie machen Ihr Bund bekannt ihnen.
~Psalm 25:14

822. Sie machen alles zusammen arbeiten für das Wohl derer die Sie lieben; für diejenigen die nach Ihren Vorsatz berufen sind.
~Römer 8:28

823. Sie nehmen die lämmer in Ihr Arm, und tragen ihnen nahe bei Ihr Busen.
~Jesaja 40:11

824. Mein Freund
~Johannes 15:14

825. Mein Herr, wer ist gut zu alle
~Psalm 145:9

Der Große Anbieter, und Sehr Präsent Hilfe

Sie öffne Ihr Hand und erfüllen die Wünsche eines jeden Lebewesens. ~ Psalm 145:16

826. **Jehova Jireh - Mein Herr wer bietet**
~Genesis 22:14

827. **Eine sehr vorhanden Hilfe in Zeiten der Not**
~Psalm 46:1

828. **Die Gesundheit von mein Antlitz**
~ Referenz Psalm 43:5

829. **Der Helfer der Waisen**
~Psalm 10:14

830. **Der Richter der Witwen**
~Psalm 68:5

831. **Der lebendigen Gott, wer gibt mir reich alle dinge zu genießen**
~1 Timotheus 6:17

832. **Mein Güte**
~ Referenz Psalm 144:2

833. **Gott, mein Restaurator**
~ Referenz Joel 2:25

834. **Mein Gott, der gibt zu allen, Leben und Odem und alle dinge**
~Apostelgeschichte 17:25

835. **Mein Gott, wer gibt nahrung, um alles Fleisch**
~Psalm 136:25

836. **Mein Gott, wer liefert alle meine Bedürfnisse**
~Philipper 4:19

837. **Mein Gott, wer gibt mir die Kraft, Reichtum zu gewinnen**
~Deuternomium 8:18

838. **Mein Gott, wer täglich lädt mich mit Vorteilen**
~Psalm 68:19

839. **Mein Gott, der macht mein Weg perfekt**
~ Referenz 2 Samuel 22:33

840. **Mein Gott, wer geht vor mir, um machen krummen Wege gerade**
~ Referenz Jesaja 45:2

841. Mein Gott, der gibt zu alle
großzügig, ohne Fehler zu finden
~Jakob 1:5

842. Mein Gott, der gibt lieder in der
nacht
~Hiob 35:10

843. Mein Gott, wer die durstig Seele
erfüllt und die hungernde Seele mit
Gutem erfüllt
~Psalm 107:9

844. Mein Gott und Vater unseres Herrn
Jesus Christus, der mich gesegnet
hat mit jeder geistlichen Segnung
in den himmlischen Örtern in
Christo
~Epheser 1:3

845. Mein Herr, wer füllt meine wünsche
mit guten dinge, so das mein
jugend ist erneuert wie der Adler
~ Referenz Psalm 103:5

846. Mein Gott, der tut alle Dinge für mir
~ Referenz Psalm 57:2

847. Mein Gott, der leitet die Schritte des Gerechten, und hat Freude in jedes detail ihres Lebens
~Psalm 37:23

848. Mein Gott, wer frei gibt mir alle dinge
~Römer 8:32

849. Mein Herr, wer ist mit denen, die mein Seele stützen
~ Referenz Psalm 54:4

850. Mein Gott, der macht einen Weg durch die Wildnis, und Flüsse in der Wüste
~Jesaja 43:19

851. Mein Gott, der macht meine Füße wie die Füße eines Hirsches, und macht mich stehen auf Höhen
~ Referenz Psalm 18:33

852. Diejenigen wer befürchten Ihnen, mangel nichts.
~Psalm 34:9

853. Jede gute Gabe und jedes vollkommene Geschenk kommt von Ihnen, Vater.
~Jakob 1:17

854. Reichtum und Ehre kommen von Ihnen, und Sie regieren über alles.
~1 Chronik 29:12

855. In Ihr Hand sind Macht und Stärke, und in Ihr Hand es ist, zu machen große, und zu geben Stärke zu alle.
~1 Chronik 29:12

856. Wer hat zuerst gegeben Ihnen, dass Sie zurück zu zahlen?
~Römer 11:35

857. Ein guter Mann erhält Ihr Gunsten, sondern ein Mann der bösen Geräte, Sie verurteile.
~Sprüche 12:2

858. Diejenigen wer streben nach Ihnen mangel kein gute ding.
~Psalm 34:10

859. Ihre Gaben und Berufung sind ohne Reue.
~Römer 11:29

860. Sie sind in der Lage zu machen alle Gnade überreichlich zu mir, so daß jederzeit wieder, mit allen die ich brauche, Ich werde gelingen in jedem guten Werk.
~2 Korinther 9:8

861. Sie öffne Ihr Hand, und erfüllen die Wünsche eines jeden Lebewesens.
~Psalm 145:16

862. Sie sind an dem rechten hand von die Bedürftigen, um speichern ihn von diejenigen die verurteilen sein leben.
~Psalm 109:31

863. Sie geben uns regen vom Himmel, und fruchtbare Zeiten, um erfüllen unsere Herzen mit Speise und Freude.
~Apostelgeschichte 14:17

864. Sie legen die einsam in Familien.
~Psalm 68:6

865. Sie segnen den Gerechten mit Gunst; Sie umgeben ihnen mit Gunst, als mit einem Schilde.
~Psalm 5:12

866. **Mein Leben und die Lange meiner Tage**
-Deuternomium 30:20

Der Große Heiler

Heile mich, Herr, und ich soll werden geheilt, rette mich, und ich soll werden gerettet : denn Sie sind mein Lob. ~ Jeremia 17:14

867. **Jehova Rapha - Mein Herr, der Heiler**
~Exodus 15:26

868. **Jehova Shalom - Der Herr, mein Frieden**
~ Richter 6:24

869. **Friedefürst**
~Jesaja 9:6

870. **Der Autor des Friedens**
~1 Korinther 14:33

871. **Mein Herr, der Heiler, der schickte Sein Wort zu heilt Seine volkes, und errettet sie aus ihren Gruben**
~Psalm 107:20

872. **Durch Ihre Striemen, Ich bin geheilt.**
~1 Petrus 2:24

873. **Krankheiten und Gebrechen, tun Ihr Gebote.**
Referenz ~Lukas 4:39

874. **Dämonen gehorchen Ihr Befehl.**
~ Referenz Lukas 4:33-35

875. **Sie verletzt, doch Sie schaffen Linderung.**
~Hiob 5:18

876. **Sie zerbrechen, doch Ihr hand heilt.**
~Hiob 5:18

877. **Sie segne Ihre Volk, mit Frieden.**
~Psalm 29:11

878. **Sie nahmen meine Gebrechen, und trug mein Schmerzen.**
~Jesaja 53:4

879. **Mein Herr, der heilt alle meine Krankheiten**
~ Referenz Psalm 103:3

Der Gerechte Richter

Es gibt nur einen Gesetzgeber und Richter, der zu erretten und zu verderben vermag. ~ Jakob 4:12

880. **Herr, der Gesetzgeber**
~Jesaja 33:22

881. **Herr, der Richter**
~Jesaja 33:22

882. **Der Richter, wer legt einer, unten, und hebt hohen, eine andere**
~Psalm 75:7

883. **Die Wohnung der Gerechtigkeit**
~Jeremia 50:7

884. **Der Richter, wer richtet Rechtschaffen**
~1 Petrus 2:23

885. **Mein Gott, wer tut nicht betrachten die reichen besser als die Armen, denn sie sind alle Werk von Seiner Hände**
~Hiob 34:19

886. **In Gerechtigkeit, Sie beurteilen und führen Krieg.**
~Offenbarung 19:11

887. Ihr Gesicht ist gegen diejenigen, die Böses tun, abzuschneiden ihr Gedächtnis vom der Erde.
   ~Psalm 34:16

888. In Seiner Gerechtigkeit und große Gerechtigkeit, Sie wird nicht bedrücken.
   ~Hiob 37:23

889. Gerechtigkeit und Gericht sind der Grundfeste von Ihr Thron.
   ~Psalm 89:14

890. Viele suchen das Angesicht eines Herrschers, aber das Urteil der Mann ist von Ihnen.
   ~Sprüche 29:26

891. Sie vollstrecken Gerechtigkeit und Urteil für alle wer sind unterdrückt.
   ~Psalm 103:6

892. Sie liebst Gerechtigkeit; Sie hasse Raub und Bosheit.
   ~Jesaja 61:8

893. Sie bringen Ihr urteil heraus in der offenen, jeden Morgen.
   ~Zephanja 3:5

894. **Der Richter der ganzen Erde**
-Genesis 18:25

Mächtig Krieger

Ich wird rufe an der Herr, wer würdig ist, gelobt zu werden. So wird ich von meinen Feinden erlöst.
~ Psalm 18:3

895.   Jehova Nissi - Der Herr, mein Fahne
~Exodus 17:15

896.   Mann des Krieg
~Exodus 15:3

897.   Der Große Krieger, wer schafft Verwirrung im lager des Feindes
~ Referenz 2 Chronik 20:22-25

898.   Mein Herr, stark und mächtig
~Psalm 24:8

899.   Mein Gott, der rettet durch Seiner rechten Hand, diejenigen die setzen ihre Vertrauen in Ihn, aus diejenigen wer sind wider sie
~Psalm 17:7

900. Mein Gott, wer niedergeschlagen den Erstgeborenen von Ägypten, und führte heraus das volkes von Israel, mit ein starker Hand und ausgestrecktem Arm
~Psalm 136:10-12

901. Mein Gott, wer niedergestreckt große könige, und tötete mächtige könige
~Psalm 136:17-18

902. Mein Gott, wer gibt Sieg zu Könige
~Psalm 144:10

903. Mein Gott, der geht mit mir um kampf für mir wider meine Feinde, um retten mir
~Deuternomium 20:4

904. Mein Herr, mächtig im Kampf
~Psalm 24:8

905. Mein Herr, wer bewahrt die Seelen seiner Heiligen aus der Hand des Gottlosen
~Psalm 97:10

906. So groß ist Ihr Macht, dass Ihre Feinde erschaudern bevor Ihnen.
~Psalm 66:3

907. **Ihr rechte Hand ist herrliche in Macht.**
~Exodus 15:6

908. **Ihr rechte Hand zerschlägt Feinde in Stücke.**
~Exodus 15:6

909. **Wenn Sie haben Vergnügen in die Wege von eine Mann, Sie machen seine Feinde zu werden an Frieden mit ihm.**
~Sprüche 16:7

910. **Das Schwert mein Exzellenz**
~Deuternomium 33:29

Der Gott der Rache und Belohnung

Gott der Rache, Jehova, Gott der Rache, strahle hervor! ~ Psalm 94:1

911. **Der Herr Gott der Vergeltung**
~Jeremia 51:56

912. **Mein Gott, der durchsucht das Herz und verstand, und wird vergelten jeder von uns nach unseren Taten**
~Offenbarung 2:23

913. **Rache und Vergeltung gehören Ihnen.**
~Deuternomium 32:35

914. **Sie wird nicht zurückhalten gute dinge von denen die wandeln in Lauterkeit.**
~Psalm 84:11

915. **Ihre Augen durchlaufen die ganze Erde, um stärken diejenigen wessen Herzen sind verpflichtet zu Ihnen.**
~2 Chronik 16:9

916.   Diejenigen die ehren Ihnen, Sie
       werde ehren; diejenigen die
       verachten Ihnen, wird sein
       verschmähten.
       ~1 Samuel 2:30

917.   Mit der barmherzigen, Sie zeigen
       Selbst Barmherzigen; mit einem
       aufrechten Mann, Sie zeigen Selbst
       aufrechten.
       ~Psalm 18:25

918.   Um die reinen, Sie zeigen selbst
       rein, sondern auf die schiefe, Sie
       zeigen selbst hellsichtig.
       ~Psalm 18:26

919.   Sie belohnen diejenigen wer eifrig
       suchen Ihnen.
       ~Hebräer 11:6

920.   Sie gewähren Gnade und Ehrung.
       ~Psalm 84:11

921.   Sie schmücken die Sanftmütigen
       mit Rettung.
       ~Psalm 149:4

922.   Sie nehmen rache an Ihre feinde,
       und pflegen Ihr Wut gegen sie.
       ~Nahum 1:2

923.   Sie lachen an der Gottlosen, als sie
       Komplott wider den Gerechten,
       und knirschen ihre zähnen auf sie,
       weil Sie wissen ihre Tag ist
       kommen.
       ~Psalm 37:13

924.   Um den Mann der ist gut in Ihre
       augen, Sie wird geben Weisheit,
       Wissen und Freude, aber zu der
       sünder, Sie geben Anstrengung, zu
       sammle und häufe, so dass es für
       diejenigen, die gut in Ihre Augen
       sind gegeben werden.
       ~Prediger 2:26

925.   Sie werden nicht verhungern die
       Seele des Gerechten, aber man
       wegschieben die Substanz des
       Gottlosen.
       ~Sprüche 10:3

926.   Sie sind nicht ungerecht, mein
       Werke zu vergessen, und der liebe
       dass ich zeigte Ihr Name.
       ~Hebräer 6:10

927.   Sie bewahren die Gläubigen, und
       reichlich vergelten die stolze.
       ~Psalm 31:23

928. Sie speichern die bescheidenen, aber bringen niedrig, diejenigen dessen Augen sind hochmütig.
~Psalm 18:27

929. Sie verspotten die Spötter, sondern geben den Demütigen Gnade.
~Sprüche 3:34

930. Ein eifernder und rächender Gott
~Nahum 1:2

Das Versteck und Schild

Sie sind ein Versteck für mir; Sie soll bewahre mich von Schwierigkeiten. ~ Psalm 32:7

931. **Eine Zuflucht von die Sturm**
~Jesaja 25:4

932. **Mein Zuflucht und Stärke**
~Psalm 46:1

933. **Eine Zuflucht für die Unterdrückten**
~Psalm 9:9

934. **Eine Zuflucht bei Zeiten der Drangsal**
~Psalm 9:9

935. **Sonne und Schild**
~Psalm 84:11

936. **Mein Hüter**
~Psalm 121:5

937. **Ein Ort von Flüssen und von breiten Strömen**
~Jesaja 33:21

938. **Mein Schild**
~Genesis 15:1

939. **Der Schild der mein Hilfe**
~Deuternomium 33:29

940. **Der Schatten eines gewaltigen Felsens in ein müdes Land**
~Jesaja 32:2

941. **Mein Wohnung Platz in allen Generationen.**
~Psalm 90:1

942. **Mein Protektion**
~2 Thessalonicher 3:3

943. **Ein befestigtes Haus, um mich zu retten**
~Psalm 31:2

944. **Ein Heiligtum**
~Jesaja 8:14

945. **Eine Wand aus Feuer**
~Sacharja 2:5

946. **Mein starke Zuflucht**
~ Referenz Psalm 71:7

947. **Ein Schatten vor der Glut**
~Jesaja 25:4

948. Wie die Berge umgeben Jerusalem, so Sie umgeben Ihre Volk, von nun an bis in Ewigkeit.
~*Psalm 125:2*

949. Sie sind ein Schild zu diejenigen die vertrauen Ihnen.
~*Psalm 18:30*

950. Sie sind ein Schild, zu denen, die wandeln in Vollkommenheit.
~*Sprüche 2:7*

951. Sie bewahren mein Leben, und verhindern meine Füßen vom Verrutschen.
~*Psalm 66:9*

952. Sie verbirgst mir in das Geheimnis Ihr Präsenz, aus den Verschwörungen der Männer.
~*Psalm 31:20*

953. Sie verbirgst mir Heimlich in einem Pavillon, aus dem Gezänk der Zunge.
~*Psalm 31:20*

954. Mein Versteck und mein Schild
~ *Referenz Psalm 119:114*

*Denn Sie sind eine Zuflucht für mir; ein starker Turm,
vor dem feinde. ~ Psalm 61:3*

955.   Jehova Rohi - Der Herr, mein Hirte
~Psalm 23:1

956.   Ein starker Turm, vor dem Feinde
~Psalm 61:3

**957.   Gott Shadrach, Meschach und
Abednego**
~Daniel 3:28

958.   Der Hoffnung Israels
~Jeremia 14:8

**959.   Die Heiland Israel, in der Zeit der
Bedrängnis**
~Jeremia 14:8

960.   Die Stärke meiner Herz
~ Referenz Psalm 73:26

961.   Mein Herrlichkeit
~ Referenz Psalm 3:3

962.   Mein Stärke
~Psalm 46:1

963. **Mein Lampe**
~ *Referenz 2 Samuel 22:29*

964. **Der Heber meiner Kopf**
~ *Referenz Psalm 3:3*

965. **Mein Licht und mein Heil**
~ *Referenz Psalm 27:1*

966. **Die Stärke meiner leben**
~ *Referenz Psalm 27:1*

967. **Mein Hoffnung in den Tag des Bösen**
~ *Referenz Jeremia 17:17*

968. **Mein Unterstützung**
~ *Referenz 2 Samuel 22:19*

969. **Die Stärke Israel**
~*1 Samuel 15:29*

970. **Die Stärke meiner Rettung**
~ *Referenz Psalm 140:7*

971. **Stärke an die Dürftigen in seiner Bedrängnis**
~*Jesaja 25:4*

972. **Stärke für die Armen**
~*Jesaja 25:4*

973. **Der Gott Israels, wer gibt Stärke und Kraft zu seine Volk**
~Psalm 68:35

974. **Der Große Befreier, wer die Ketten auf Paulus und Silas gelockert, und öffnete die Türen des Gefängnisses**
~ Referenz Apostelgeschichte 16:25-31

975. **Der Große Befreier, wer geholfen Moses, und geliefert ihn aus des Schwerte des Pharao**
~ Referenz Exodus 18:4

976. **Mein leiten bis an den Tod**
~Psalm 48:14

977. **Mein Stärke und mein Gesang**
~ Referenz Psalm 118:14

978. **Mein Herr, wer stützt alle diejenigen, der fallen**
~Psalm 145:14

979. **Mein Herr, wer hebt diejenigen, die niedergeschlagen sind**
~Psalm 145:14

980. Mein Gott, der ist in der
Gesellschaft von die rechtschaffen
~Psalm 14:5

981. Mein Gott, wer rechtfertigt die
ursache Seines Volkes
~Jesaja 51:22

982. Mein Gott, der kann erretten und
verderben
~Jakob 4:12

983. Mein Gott, der seine volkes rettet
von ihre Bedrängern
~ Referenz Psalm 136:24

984. Der Große Befreier, der geliefert
seinen Knecht David vom die
tödlich Schwerte
~Psalm 144:10

985. Mein Gott, wer erinnert sich seine
volkes in ihren schwach Zustand
~ Referenz Psalm 136:23

986. Mein Herr, dessen Hand ist nicht
kurz, zu retten
~ Referenz Jesaja 59:1

987. Mein Gott, der nicht von
Einsparung behindert werden
kann, sei es durch viel oder wenig
~1 Samuel 14:6

988. Ihr Name ist ein starker Turm: der
Gerechte läuft es und sind sicher.
~Sprüche 18:10

989. Diejenigen wer schauen zu Ihnen
sind strahlend; ihre Gesichter sind
nie mit Schande bedeckt.
~Psalm 34:5

990. Ihr Kraft ist gemacht vollkommen,
in schwachheit.
~2 Korinther 12:9

991. Viele sind die Bedrängnisse der
Gerechten, aber Sie liefern mich
aus ihnen, allen. Sie halten alle
meine Gebeine; nicht eins wird
zerbrochen.
~Psalm 34:19-20

992. Durch Ihnen, ich werde
zurückzudrängen meine
Bedränger.
~Psalm 44:5

993. Durch Ihr Name, ich werden beschreiten sie unter, dass aufstehen gegen mir.
~Psalm 44:5

994. Sie retten Ihre volkes, und rettung ihnen.
~Daniel 6:27

995. Sie tun nicht freude in der Stärke des Pferdes, noch den Beinen des Mannes.
~Psalm 147:10

996. Sie retten die Armen, von diejenigen die sind stärker als ihnen.
~Psalm 35:10

997. Sie retten die Armen und die Bedürftigen von denen, die sie berauben.
~Psalm 35:10

998. Sie geben dem Müden Stärke, und vergrößern die Leistung des schwachen.
~Jesaja 40:29

999. **Sie sind die sparend Stärke von Ihr Gesalbten.**

~Psalm 28:8

1000. **Mein Hohe Turm, und mein Erretter**

~ Referenz Psalm 144:2

a

www.ingramcontent.com/pod-product-compliance
Lightning Source LLC
Chambersburg PA
CBHW060921040426
42445CB00011B/729